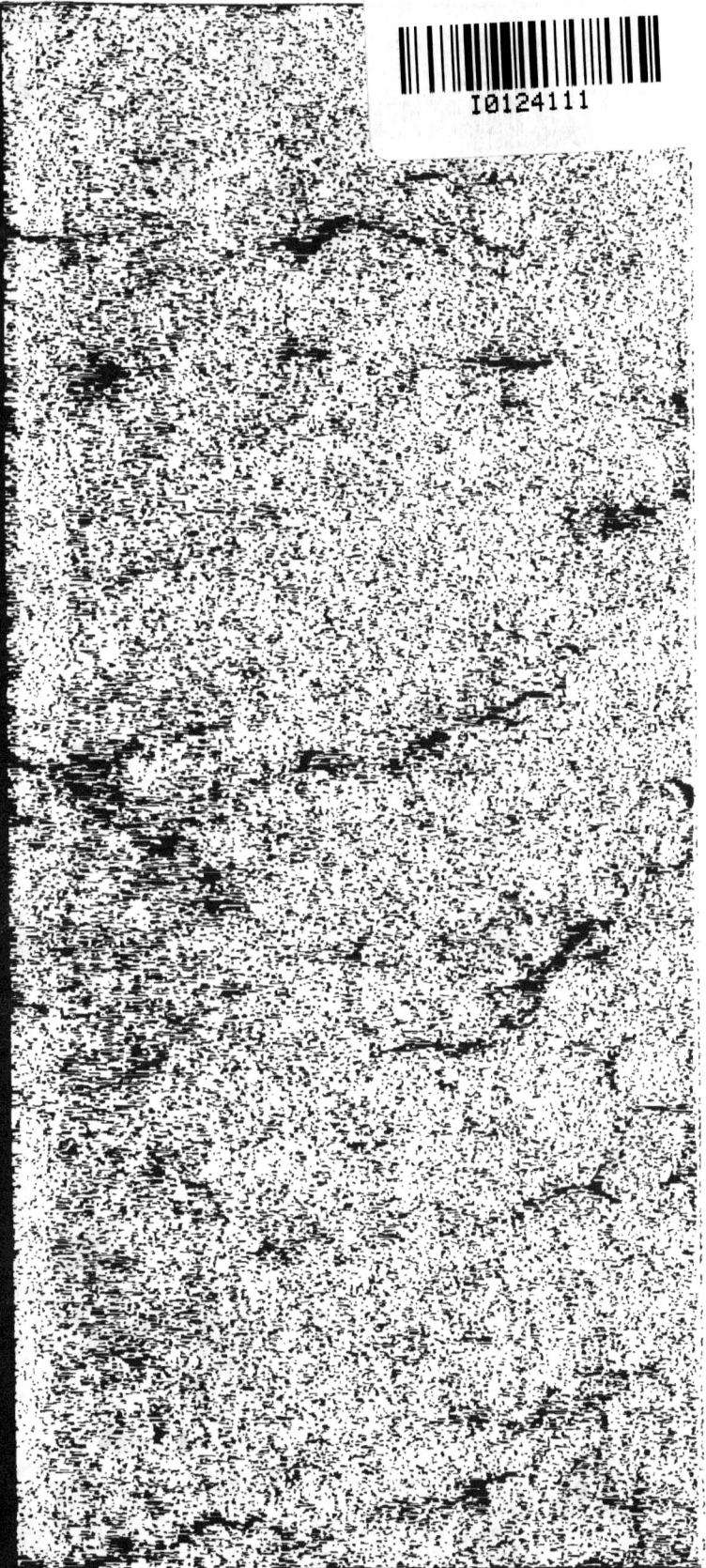

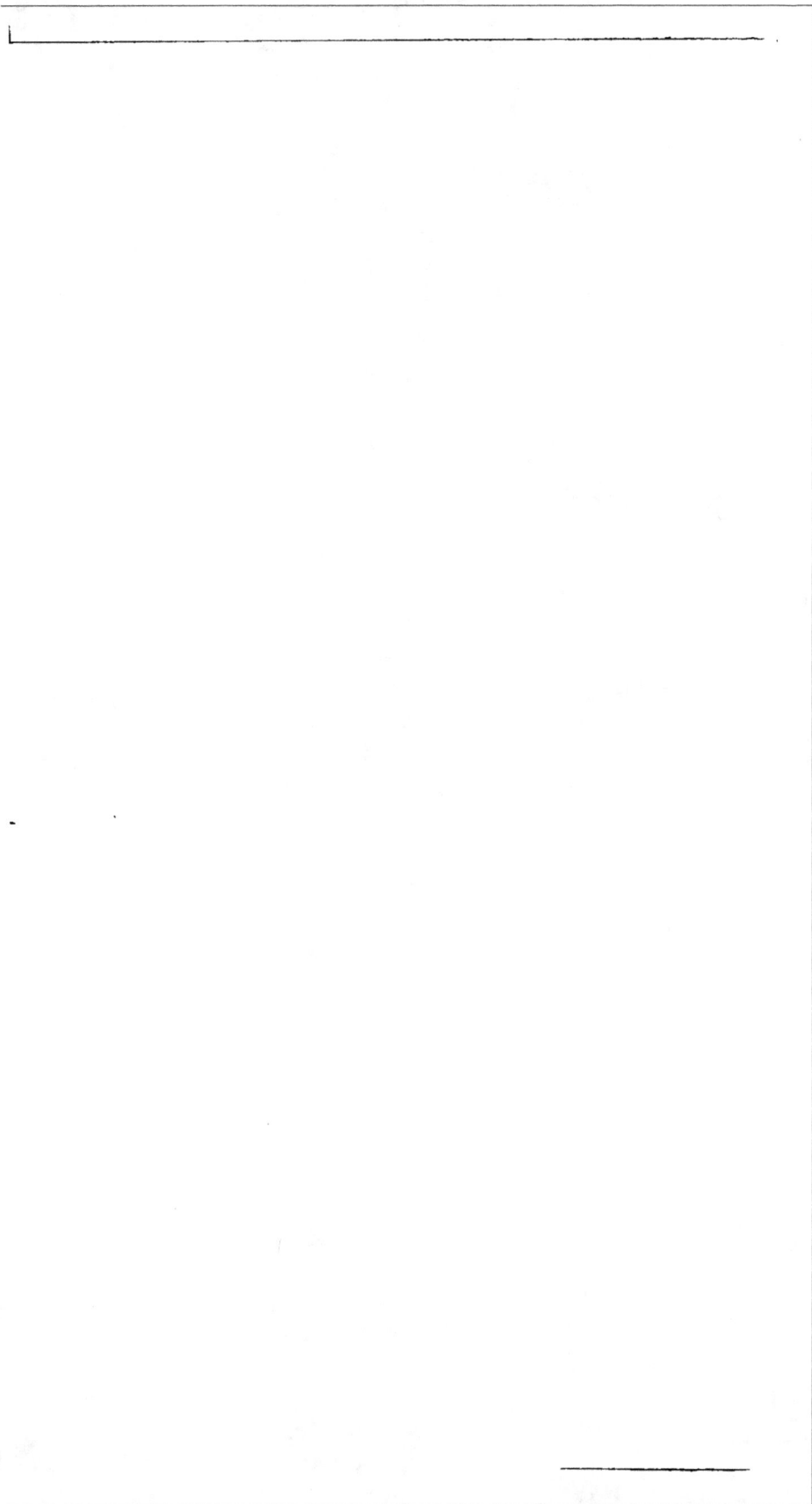

PSYCHOLOGIE

O U

TRAITÉ
SUR L'AME,

Contenant les Connoiſſances , que
nous en donne l'Expérience.

Par M. WOLF.

Quale per incertam Lunam ſub luce maligna
Eſt iter in Sylvis. ÆNEID. L. VI. 270.

A AMSTERDAM,
Chez PIERRE MORTIER.
M DCC XLV.

A

M. L. B. D. B.

D. B. C. &c. -

 ONSIEUR,

IL est juste que je Vous offre
un petit Essai, qui ne doit
sa naissance, qu'aux bontés de

        * 2   *votre*

EPITRE

votre Maison, ouvrage de ma reconnoissance, j'ai voulu qu'il en devint un témoignage public, au risque du succès qu'il pourroit avoir.

Cet Essai a pour objet l'Ame : je sais que l'étude tranquille qu'elle exige ne s'accorde pas infiniment avec les occupations vives & tumultueuses de l'Etat, auxquelles votre naissance & votre inclination vous ont destiné ; élevé, pour ainsi dire, dans le service, & prévenu par les bienfaits du Roi, dans un age, où ils pouvoient paroître encore la récompense dûe aux mérites & aux travaux d'un Pere illustre, Vous avez pensé, & avec raison, que votre premier devoir étoit

DEDICATOIRE.

etoit de les mériter, & Vous
avez regardé comme une partie de
ce devoir, de le prévenir, en cher-
chant toutes les occasions, où Vous
pouviez mieux apprendre à le
remplir.

Mais cette même façon de
penser si vraie, cette émulation
si convenable, cette raison, si
droite & si équitable, n'appar-
tiennent-elles pas à l'Ame, &
ne devez-vous pas Vous interesser
par un juste sentiment de reconnoissance à savoir ce que les Philosophes nous disent de sa Nature
& de ses Opérations ? La jus-
tesse naturelle de votre Esprit,
& sa pénétration vous mettront
bien à portée de les suivre dans
toutes leurs recherches.

* 3   L'A-

EPITRE.

L'Amitié que Vous m'avez constamment conservée, me répond assez de la façon, dont Vous recevrez mon travail, & que Vous n'y verrez que le tendre & le respectueux attachement avec lequel je serai toujours,

MONSIEUR,

Votre très-humble
& très-obéïssant
Serviteur.

TA-

TABLE
DES
CHAPITRES
Contenus dans cet Ouvrage.

TABLE DES CHAPITRES

AVANT-

AVANT-PROPOS.

M WOLF eſt un de ces Auteurs, dont le mérite n'a pas beſoin d'être relevé par des éloges: ſon nom porté par-tout avec ſes Ouvrages, & gravé dans les Faſtes de pluſieurs Académies, va de lui-même à la gloire, & ſans le ſecours des louanges que je pourrois lui donner.

Ce que j'avois entendu dire à Paris de cet illuſtre Profeſſeur, & ce que j'en entendois répèter en Allemagne avec un éclat, qui tient de l'enthouſiasme, me donna la curioſité de voir quelques-uns de ſes Ouvrages de Philoſophie.

A

Je

Je fais ici un aveu, que ce petit Effai ne juftifiera peut-être que trop; attaché jufqu'alors à des Etudes bien différentes, j'avois laiffé là toute la Philofophie des Ecoles, fans fonger même à remettre les pieds dans une carriére, que je croyois, comme c'eft affez la coûtume, qu'il me fuffifoit d'avoir parcouru une fois.

Mais la nouveauté des recherches de M. W: & celle d'une méthode, que j'entendois élever jufqu'aux Cieux, me portérent à revenir fur mes pas, & à connoître par moi-même un Pays, dont on me racontoit de prodiges.

Le loifir, où je me trouvois alors, ifolé dans une Ville, où prefque perfonne ne parloit ma Langue, fut pour moi un nouveau motif de recourir à la Philofophie, il falloit tromper par le travail l'ennui inféparable d'une retraite, qui n'avoit rien de la douceur de celle
que

que l'on choisit quelquefois par
goût.

La curiosité & l'ennui étoient cependant des motifs encore trop
foibles pour me porter à écrire ; &
il ne falloit pas moins pour m'en-
gager à ce grand & pénible effort
que des motifs de reconnoissance,

La Famille de la Personne à qui
j'ai offert cet Essai, m'en fournissoit
assez : les mêmes bontés dont elle
m'avoit comblé à Paris , m'avoient
suivi en Allemagne , & y avoient
fait toute ma consolation : en re-
vanche des différents Ouvrages
qu'on m'envoyoit de Paris , je crus
devoir envoyer les fruits les plus
renommés du Pays où j'étois , en
révanche de l'esprit , envoyer une
Dissertation sur l'Esprit,& il ne me fut
pas difficile de me déterminer pour
la PSYCHOLOGIE de M. WOLF.

Mais comme le Volume , où il
traîte cette, Partie est immense , mon
dessein n'étoit d'abord que de

A 2   prendre

prendre quelque Abregé qui en auroit été déja fait, & de le traduire
simplement, persuadé, que comme
je ne me proposois d'envoyer que
peu de richesses, il importoit peu
qu'elles fussent puisées dans une
grande ou une petite source.

Dans cette idée je me proposai
de faire choix d'un Livre, que j'ap-
prendrois par la Renommée être le
moins chargé de ce vain appareil
d'érudition qui n'est que trop à la
mode ; il me suffisoit qu'il donnât
les idées de M. W. & qu'il suivît
son ordre dans le choix & la dispo-
sition des matiéres & des démonstrations, qu'il me fournît enfin les
traits qui font à la ressemblance.

Mais chacun veut être Abbrévia-
teur à sa maniére, l'un croit devoir
omettre ce que l'autre regarde comme essentiel, & par une suite mal-
heureuse de la foiblesse de notre esprit, ce même ordre, ce même
enchaînement des vérités, l'objet
de

de nos recherches, le devient de nos contradictions, tous s'imaginent avoir découvert & faisi le feul véritable, le feul naturel, tous veulent enfin être ou paroître Auteurs par quelque coin.

Faut-il en être furpris ? Nous voions dans la Géométrie, où les Vérités font plus déterminées, & le principe, d'où elles coulent, plus connu, nous voions, dis-je, ceux de nos Auteurs qui en ont écrit, après avoir établi ce principe entiérement le même, après être partis, pour ainfi dire, du même point, s'écarter pourtant dès le commencement, prendre les uns à droite, les autres à gauche, & tous fe perfuader qu'ils vont au but par le chemin le plus court.

J'ai éprouvé qu'il en étoit de même des Abbréviateurs de M. W: contents de fe parer d'un nom auffi impofant, ils ont ofé former presque un nouveau plan, & mettre

A 3   leurs

leurs idées à la place des siennes,
mais qu'est-il arrivé? De tous ces
Membres épars de la grande &
sublime Philosophie de Mr. Leibnitz,
que ce laborieux Auteur a rassem-
blés avec une patience infinie,
pour en former un vaste & terrible
Colosse, ils n'en ont formé qu'une figure chetive & presque informe : encore quelques-uns l'ont-ils revêtue
d'habits grotesques, qu'ils prennent
pour un ajusté galant. M. W. le
plus grave & le plus sérieux des
Philosophes, celui de tous qui a le
plus négligé les ornemens & la parure, travesti en Tabarin, & mê-
lant à la gravité de sa méthode de
fades douceurs, & quelquefois des
équivoques, m'a paru un assemblage aussi monstrueux, que celui dont
nous parle Horace dans sa Poëti-
que :

Spectatum admissi risum teneatis amici.

Je me flatte qu'après ce que je
viens

viens de dire de cette derniére espèce de Commentateurs , on croira sans peine qu'il ne m'est pas venu en pensée de les prendre pour
Guides : à la Carte des Pays immenses qu'a tracé M. W: ils ont mêlé
sans aucune vraisemblance , celle du
tendre , & de ce tendre qui parut
& fut toujours ridicule.

Les autres se bornant à mettre
les principales positions , ont omis
le détail des chemins qu'il falloit
prendre pour y arriver, ou s'ils en
ont indiqué quelques-uns , ce n'é-
toient que ceux qu'ils s'étoient ou-
verts à eux-mêmes, sans se soucier
de la route qu'avoit suivi leur Auteur : souvent à la place de ce qui
pourroit instruire , ils ont entassé
des choses , dont le moindre défaut est d'être inutiles.

Ces deux différentes espèces d'a-
bregés s'éloignoient également de
mon plan; mon dessein, comme je
viens de le dire , étoit de donner

une

une idée de M. W. en donnant
quelque morceau de ſes Ouvrages,
ou quelque choſe qui en repréſen-
tât du moins les principaux traits.
Comme une bonne esquiſſe reunit
ceux d'un Tableau, dont elle eſt
l'imitation.

Dans cette perplexité, je pris le
parti de me jetter à la nage à la
ſuite du Maître même, & s'il arrivoit, que je ne puſſe pas toujours
l'appercevoir & le ſuivre dans cette
mer immenſe, où il eſt entré, erreur pour erreur, j'aimai autant
m'abandonner à la foibleſſe de ma
vue & de mes conjectures, qu'aux
caprices & aux fantaiſies des autres:
mais nouvelles difficultés.

Il eſt un deſordre ſavant, dit M.
de Fontenelle, qui n'embarraſſe
point ceux qui le ſont, les recherches les plus exactes, les diſcuſ-
ſions les plus profondes, voilà leur
attrait; l'ordre & la méthode, ils
ne s'en ſoucient pas: il n'en eſt pas
de

de même ici; c'eft la méthode qui
embarraffe, on n'avance rien fans le
définir, chaque définition en en-
fante une famille de nouvelles, &
bientôt il s'en forme des Peuplades
& un Monde entier; le moyen de
pouvoir parcourir toutes ces Peuplades, & d'apprendre à connoître
ce nouveau Monde.

Ce n'eft pas que M. W. ait rien
négligé de ce qui pouvoit contribuer à le faire connoître, il a eu
foin de donner à chacune de ces
définitions qui le forme, l'affiche
d'un Chiffre, qui montre la place
que cette définition y tient, & fert
à la faire revenir fur la fcène affez
fouvent pour qu'elle pût être connue, fi elles n'étoient pas en auffi
grand nombre.

Mais cette précaution même,
cette fucceffion continuelle toujours
différente, & toujours la même,
devient encore un tourment pour
ceux qui ne font pas faits à la pa-

tience ; nés presque tous avec des
defirs infiniment vifs , nous voudrions voir l'édifice qui en est l'objet, s'élever fous nos yeux comme
par une efpèce d'enchantement, &
nous ne faurions penfer qu'avec regret, qu'il faille paffer fa vie à placer & à difpofer les matériaux qui
doivent le compofer; un détail de
cette nature, qui n'offre par-tout
que des combinaifons, ne peut guères être bon que pour des Intelli-
gences, ou tout au plus pour des
hommes accoutumés aux édifices
intellectuels , & à la contention
qu'il faut pour les conftruire.

Une telle méthode, qui n'eft,
à dire vrai, compofée que de degrés & d'échaffauds à l'infini, où
il faut marcher lentement, s'arrêter à chaque pas pour regarder der-
riére foi, & confiderer ce que l'on
a déja parcouru, ne m'a pas paru
propre pour une perfonne née &
élevée dans le monde , avec tous
les

les avantages de la naiſſance & de l'eſprit, tous les dons & tous les talens néceſſaires pour y réuſſir.

J'ai donc imaginé qu'il falloit avant toutes choſes,

1o. S'en tenir à l'emplacement qu'avoit choiſi un habile Maître, ſuivre autant qu'il ſeroit en moi les lignes qu'il y a tracées ; & donner à chacun des materiaux qui entreroit dans l'édifice, la place & l'ordre où il les a mis.

2o. De tranſporter quelquefois ſur le même fonds, pourvu que ce fût avec reſerve, ceux des materiaux qui ſe trouvoient ailleurs, & qu'il avoit déſignés, afin qu'on ne fût point obligé de ſe détourner pour les aller chercher.

Si je n'ai réuſſi à mon tour, après tout cet appareil, qu'à faire une chaumiére, ou une loge de Pygmées, je me flatte que l'on en verra du moins le tout enſemble, & que j'ai rendu les chemins qui y

A 6 con-

conduifent plus pratiquables & plus acceffibles.

On ne me reprochera pas du moins de n'avoir point fuivi pas à pas mon Auteur; & fi l'on veut fe donner la peine d'en faire la comparaifon, on verra que j'ai été le plus fouvent fidèle à raporter fes réflexions & fes éxemples, fi ce n'eft dans quelques endroits, que j'ai imaginé pouvoir rendre plus fenfibles en prenant des éxemples & des comparaifons de nos mœurs, j'écrivois pour une perfonne élevée en France.

Que fi je n'ai parlé que fuperficiellement de l'Art de faire des Hieroglyphes, de l'Art caracteriftique combinatoire, enfin des différentes combinaifons dans un Syllogisme du paffé avec le préfent, & du préfent avec le paffé, d'où naît le futur, c'eft que j'ai regardé ces articles ou comme peu utiles, ou comme trop difficiles pour des perfonnes, qui n'ont jamais fait leur

étude

étude d'une Philofophie abftraite.

Il auroit été inutile d'entrepren-
dre une Traduction de M. W. Quelques éloges que lui prodiguent fes
partifans en Allemagne; j'ofe dire
que fes Ouvrages traduits litterale-
ment en notre Langue, comme on
en a traduit tant d'autres avec fuc-
cès, ne trouveroient point de Lec-
teurs; j'ofe dire encore, fans craindre que l'on m'accufe de furfaire,
qu'il faut être fait à la fatigue en
matiére de lecture, pour foutenir
celle de fes Ecrits; tout y eft traité à la vérité fuivant la Méthode
Synthétique; les premiéres propofitions font mifes pour donner du
jour aux fecondes, les fecondes à
celles qui fuivent; mais je ne fais
comment il eft arrivé que ni les unes
ni les autres n'ont cette clarté, que
l'on veut dans nos Ecrits; eft-ce la
faute de la matiére, eft-ce celle de
l'expreffion? je n'ai garde de m'é-
riger en Juge, il ne me convien-

A 7   droit.

droit ni de condamner ni de défendre M. W. l'un & l'autre feroit é-
galement préfomptueux & témé-
raire.

Une fimple Traduction ne fauroit donc convenir : pour qui feroit-
elle bonne ? Pour les Savans ? mais
ils préféreront toujours de lire un
Livre dans la Langue Latine qui eft
celle que l'Auteur a choifie pour fes
grands Ouvrages : accoutumés à marcher dans les différens Pays, que
forment les différentes Sciences, ils
marcheront d'un pas également fûr
dans ces Régions ftériles & défertes
de notre Entendement, ils y cher-
cheront avec avidité, & prendront
avec choix les feules richeffes qui
les touchent, les recherches, les
difcuffions, les analyfes, les calculs;
s'ils trouvent quelquefois les fentiers où ils marchent, obfcurs &
embarraffés, ils y porteront eux-mêmes la lumiére, & retrancheront
d'une main fage tout ce qui retarde
leur

leur marche, cet amas fuperflu & desagréable d'expreffions, & d'exemples; comme ils connoiffent toutes
les graines qu'a fourni M. Leibnitz, ils ne font curieux que de voir
l'ordre dans lequel un Auteur les
a mifes, fans s'embarraffer s'il en a
fait un Jardin , ou une Pepiniére,
où tout eft à la vérité diftingué par
claffes & par genre, mais fans aucun de ces embelliffemens que l'art
fait donner.

Il n'en eft pas de même des autres hommes, ils veulent de l'ordre, mais quoiqu'ils foient perfua-
dés, que cet ordre eft en lui-même
un des plus grands ornemens, ils
ne veulent pas qu'il foit entiérement
denué de tous ceux dont il peut
être fagement paré, ils veulent de
la méthode, non cette méthode â-
pre & aride qui n'offre à la vue qu'un
canevas prefque nud, mais cette méthode douce & fimple, qui ne dé-
daigne pas les avantages que peut
don-

donner une parure modeste, ils voudroient même ne la voir le plus souvent, cette méthode, que revêtue
d'un voile, qui la couvre en partie,
& qui en lui donnant une nouvelle
beauté, laisse toujours appercevoir
celle qu'elle a d'elle-même.

Voilà ce qu'ils demandent, &
pour dire la vérité, ils n'ont pas
tort; cet ancien préjugé, que la
Philosophie n'avoit rien que d'au-
stère & de rebutant, est entièrement
évanoui; on est persuadé qu'elle est
encore susceptible des mêmes agrémens que lui avoient autrefois prê-
té les Platons, les Xenophons, les
Cicerons, depuis que nous avons
vu les Fontenelles, les Maupertuis,
les Voltaires, enchaîner auprès d'elle les Graces.

Le premier en étalant à nos yeux
le plus grand & le plus charmant de
tous les spectacles, les Planètes
changées en Mondes, & ce nombre infini d'Etoiles fixes devenues
au-

autant de Soleils étrangers, semble être, s'il est permis de se servir de cette comparaison, la Sagesse même qui se joue dans tous ces Mondes.

Le second, pour nous faire connoître celui que nous habitons, en parcourt une infinité d'autres suspendus au dessus de nos têtes, & nous y transporte avec lui, on diroit qu'il n'est pas habitant d'un seul, mais de tous en même tems, c'est leur éloignement différent, leur mouvement inégal dans cet espace immense qui lui servent à régler la figure & à mesurer l'étendue du petit où nous sommes; son stile semble suivre la rapidité de son génie : sans se perdre en detours, sans faire d'apprêt, tout chez lui court à l'évenement, *semper ad eventum festinat*, & *in medias res*....

Le dernier enfin épris & rempli des mêmes beautés qui charmerent Athènes & captiverent Rome, *Vers en-*

enchanteurs, *exacte Profe*, nous en a donné comme elles les plus élégans modèles, & comme on y joignoit enfemble les Temples de quelques Divinités, on diroit qu'il a joint le Temple de la Philofophie à celui du Goût.

C'eft à ces illuftres Auteurs, pour qui la France confervera une reconnoiffance auffi durable que fa gloire, & leur nom, que nous fommes redevables de pouvoir aller par des chemins femés de fleurs au Sanctuaire de la Philofophie, on marche avec plaifir fur leurs pas, on eft fûr en les fuivant d'y être admis; leur art a diffipé le nuage & l'enchantement qui nous le cachoient, & à la place de ce faux merveilleux que fon obfcurité faifoit refpecter, ne nous a plus fait appercevoir qu'un ordre fimple, & que fa fimplicité même fait admirer.

Ce font-là les Auteurs dont la Fran-

France aime à prendre les leçons,
hos ediscit, & ceux qu'elle contem-
ple comme ses vrais modèles; mais
on apperçoit ces modèles dans le
Pays de la Perfection; & plusieurs
font des efforts inutiles, des vœux
impuissants pour y être portés, on
peut bien prendre & s'approprier,
comme il m'est arrivé souvent, leurs
expressions, & quelques-unes de
leurs phrases, mais il faudroit a-
voir leur génie, pour les mettre en
œuvre, & les enchasser; ce font de
belles & magnifiques bandes de
pourpre, comme dit Horace, qui
brillent au loin, mais ne servent en
effet qu'à deparer tout ce qui les
entoure.

Purpureus, latè qui splendeat, &c.

Il est vrai que les Mondes infinis
& immenses, au travers desquels ils
se font fait des routes pour en derober les loix, fournissoient eux-mêmes la lumiére, qui éclairoit ces
nou-

nouveaux Promethées , & les gui-
doit, pour ainſi dire, dans leur vol.
La régularité conſtante du cours de
ces Mondes ſembloit aider encore à
les déceler.

Il n'en eſt pas ainſi du Monde,
dans lequel je me ſuis efforcé de
ſuivre M. W. Ce Monde d'un ordre bien différent , tandis qu'il apperçoit tous les autres , ne s'apperçoit point lui-même , tandis qu'il
porte ſa lumiére ſur tout ce qui
l'entoure, eſt lui-même couvert d'é-
paiſſes ténèbres , tandis qu'il ſaiſit
& developpe tous les objets , image du Prothée de la Fable , il ſe
joue de tous les efforts que l'on
fait pour le ſaiſir & le connoître,
tandis qu'il dompte enfin tout, né
pour la Liberté , il ne ſauroit être
dompté lui-même.

C'eſt dans les ſentiers les plus
ſecrets, dans les replis les plus ca-
chés , dans les entrailles enfin les
plus profondes de ce Monde que
                              M. W.

M. W. a entrepris de porter la lumiére.

L'Efprit humain, l'inftrument de
toutes les recherches , eft devenu
l'objet des fiennes , il l'atteint malgré fa legereté , il le faifit malgré
fon inftabilité , il le decompofe
malgré fa fimplicité , il l'affujettit
enfin malgré fa Liberté.

Beaucoup d'hommes célèbres a-
voient déja tenté de fonder ces a-
bymes, & de nous en découvrir les
profondeurs, mais aucun que je fache, n'avoit encore tenté de réduire les connoiffances obfcures & im-
parfaites que nous en avons, en
Syftême, & de nous faire voir dans
le fein de la Liberté, & fouvent du
caprice & de l'inconftance, une uniformité apparente de loix; le dirai-
je, d'en appercevoir & d'en montrer, jusques dans les écarts de l'I-
magination, & la bizarrerie de nos
fonges

On jugera fi M. W. a réuffi dans
                                 fon

fon projet, je l'ai déja dit, il ne me fiéroit pas d'en décider, mon jugement, quel qu'il pût être, ne fauroit ajouter ou ôter à fa gloire; & il m'appartiendroit moins qu'à perfonne de toucher en quelque maniére que ce fût à la Couronne, qui lui a été mife fur la tête par la main des Graces: Madame la Marquife du Chaftelet, en raffemblant fur le plan de M. W. les découvertes éparfes dans tant de bons Livres Latins, Italiens & Anglois, dont elle a formé fon Livre des Principes de Phyfique, a, pour ainfi dire, confacré cet illuftre Auteur.

Des deux Parties dans lesquelles M. W. a partagé ce qui a rapport à l'Ame, je n'ai traité que celle qui eft fondée fur l'expérience, comme étant la plus fenfible, & la plus à portée d'être connue par le retour & la réflexion fur nousmêmes, c'eft auffi celle que M. W. a traité la premiére, & comme s'il
ima-

imaginoit que nous ne fentiffions pas encore affez de quelle importance font ces connoiffances qui ont pour bafe l'expérience , il nous en expofe lui-même fuivant fa méthode , tous les avantages.

C'eft la Pfychologie expérimen-§. 4. 5. tale , nous dit-il , qui établit & confirme ce que nous avons découvert par la Pfychologie raifonnée ; c'eft elle, qui lui fournit fes principes ; à peu près comme nous voions dans la Phyfique & l'Aftronomie un habile Obfervateur tirer fucceffivement de fes Obfervations, de quoi établir fa Théorie, & de fa Théorie de quoi apuier fes obfervations, & par ce double fecours s'élever à de nouvelles connoiffances, qui lui auroient échappé fans ce concert & cette intelligence.

C'eft elle de même , qui four-§. 6. nit fes principes au Droit naturel, fur-tout dans cette partie qui nous regarde nous-mêmes ; car comment
par-

parvenir à connoître nos devoirs à l'égard de notre Ame, si nous n'en connoiſſons pas parfaitement toutes les facultés ? Connoiſſance dont la Pſychologie expérimentale eſt la baſe.

§. 7. C'eſt elle encore qui les fournit à la Théologie naturelle ; car le moyen de former en nous les notions des attributs Divins, ſi ce n'eſt en nous les repréſentant comme exempts des imperfections attachées à ceux de notre Ame, & s'élançant infiniment au delà des limites dans leſquelles nous ſentons que les nôtres ſont renfermés.

La Pſychologie expérimentale nous donne en effet des notions diſtinctes de tout ce qui eſt dans notre Ame, & c'eſt de ces notions particuliéres & bornées, que nous nous élevons par l'abſtraction à de plus générales & de plus ſublimes, qui conviennent aux Etres qui ont quel-

quelque rapport & quelque reſſemblance avec l'Ame, c'eſt-à-dire, à
l'Eſprit en général, & Dieu n'eſt-
il pas un Eſprit par excellence?

Il en eſt de même, ajoute M. §. 8.
W., de la Morale, dont le principal but eſt de régler nos paſſions;
& qui ne voit pas combien nos
perceptions influent ſur nos paſſions,
en prêtant des couleurs aux vertus
& aux vices qui en ſont l'objet;
ſoit en peignant les premiéres avec
tous leurs charmes, les ſeconds a-
vec toute leur difformité, ſoit en
confondant ſouvent le véritable caractère des unes & des autres ? &
qui ne ſait pas que les perceptions
ſont du reſſort de la Pſychologie
expérimentale?

A plus forte raiſon cette Scien- §. 9.
ce doit-elle être de la plus grande
utilité pour la Logique, puiſque
les perceptions, comme nous venons
de le dire, & les autres operations
de l'eſprit, le jugement, le raiſon-
B   ne-

nement, la différence formelle des
notions, l'ufage des termes, tout
ce qui compofe enfin la Logique,
apartient en propre à la Pfychologie expérimentale; auffi comme c'eft
d'elle que la Logique emprunte fes
principes, eft-ce d'elle qu'elle reçoit fa principale lumiére : car le
moyen d'entendre parfaitement les
préceptes de l'une, fi l'on ne connoît à fond la nature de l'autre, de
laquelle naiffent ces préceptes?

§. 10.   Enfin rien n'eft plus naturel à
l'homme que le defir de favoir, &
fi tout ce qui peut être connu, eft
l'objet de ce defir, tout ce que
l'homme peut parvenir à connoître
devient auffi pour lui la fource du
plaifir le plus pur, M. W, va même jufqu'à dire que c'eft la feule
vraie félicité, que l'homme puiffe
reffentir fur la Terre.

Or eft-il une connoiffance plus
digne de fes recherches, en eft-il
une qui puiffe le flatter davantage,
que

que celle qu'il acquiert de lui-même?

Tout conspire donc à nous en donner l'amour : le grand interêt que nous avons à nous connoître, & à nous élever par cette connoiffance à celle de Dieu même; l'importance de voir dans leurs fources nos devoirs, & les paffions qui peuvent nous y porter, ou nous en éloigner, le plaifir plein d'attraits & de charmes, que l'on trouve à apprendre, plaifir qui femble devoir être plus vif encore, lorfque cette connoiffance a pour objet, ce qu'il y a de plus parfait dans l'homme, & qui le rapproche le plus de la Divinité, fon Ame.

J'ai cru pouvoir inferer ici ce que M. W. nous a dit des avantages de la Pfychologie expérimentale, afin de n'être point arrêté dans la fuite, par un éloge qui placé au milieu des matiéres, pourroit en inter-

rom-

rompre l'ordre, & pour ainsi dire
la marche, & par-là même paroître
deplacé.

Il me reste à dire un mot du stile; il n'y en a, comme je l'ai déja
dit, aucun dans M. W. & tout le
monde sait que ce grand Philosophe, uniquement occupé des choses,
& de sa méthode, ne s'embarasse ni
des mots dont il pourroit se servir
pour exprimer les unes, ni des ornemens dont il pourroit embellir
l'autre, nul choix dans l'expression,
nulle liaison dans le discours, c'est
un champ partagé à la vérité en
compartimens, mais qui ne présente par-tout que des sables, des ro-
chers & des épines. A cet assemblage sauvage d'expressions Latines
& Grecques confondues sans choix,
il a donc fallu substituer un style
de quelque couleur qu'il fût.

J'ai cru devoir préferer le plus
simple, & celui de la conversation;
c'en est une en effet que je fais a-
vec

vec la perfonne à qui j'ai d'abord
addreffé cet Effai. Cette forme m'a
paru de toute façon la plus commode & la plus avantageufe , par
la liberté qu'elle donne de pouvoir
expliquer d'une maniére plus naturelle, plus aifée & plus familiére
les détails des petites chofes, où il
faut entrer. Car enfin on peut
nommer ainfi les connoiffances qui
fe rapportent à l'Entendement ,
admiranda tibi levium fpectacula re-
rum.

Que fi l'on eft étonné, que tandis que cette faculté la plus pré-
cieufe qui foit en nous , s'élève à
la connoiffance des chofes les plus
fublimes, la connoiffance que l'on
a d'elle , lors qu'on veut l'approfondir, fe borne, pour ainfi dire, à
des minuties, voilà, peut-on dire,
le prodige , & en même tems le
remède à notre orgueil ; que fi l'on
y trouve encore à redire , ce prétendu reproche intereffe plus M. W.

B 3   que

que moi, qui n'ai fait que fuivre fes
idées, & il eſt plus en état d'y re-
pondre que perſonne. *

* Afin que ceux qui pourroient avoir la
curioſité de comparer cet Eſſai avec l'Origi-
nal puſſent le faire fans embarras, on a ajoû-
té à la marge la Note du Paragraphe du Livre de M. W. auquel chaque Article de cet
Eſſai doit répondre, & la traduction du Titre Latin qu'il y a mis lui-même.

PSYCHO-

PSYCHOLOGIE,

OU

TRAITÉ SUR L'AME,

Qui comprend lés Connoiſſances que nous en avons par le ſecours de l'Expérience.

DE LA PSYCHOLOGIE EN GENERAL.

LEs Sciences ont leurs myſtères, & ces myſtè-res conſiſtent ſouvent dans les mots. Comme celui qui ſert de Tître à ce petit Ouvrage, peut & doit même paroître extraordinaire, il eſt bon de commencer par l'expliquer : ne conviendroit-il pas même, pour me rapprocher davantage du ca-

Deſini-tion de la Pſychologie.

B 4   rac-

raĉtère de l'Auteur, dont je me pro-
pofe de développer les idées, de dire
que ce mot *Pfychologie* eft compofé de
deux mots Grecs, dont l'un fignifie *ame*, & l'autre *difcours*, comme fi
l'on difoit *Difcours fur l'Ame*. Cette
façon de parler en même tems plufieurs Langues fait fouvent dans certains pays un merveilleux effet.

La PSYCHOLOGIE n'eft donc au-
tre chofe que la connoiffance de ce qui
a rapport à l'Ame.

Nous parvenons à connoître l'Ame
de deux maniéres, ou guidés par l'Expérience, en examinant tout ce que
nous éprouvons qui fe paffe dans notre
Ame, ou aidés par le raifonnement,
en expliquant & en développant ce
que la Raifon nous fait connoître de
notre Ame; delà le partage de la Pfychologie, en *Pfychologie expérimentale*
& en *Pfychologie raifonnée*, celle-là
fondée fur l'expérience, comme je
viens de le dire, & celle-ci fur le raifonnement: je ne me fers pas ici du
mot Grec *Empirique*, que M. W. emploie au lieu de celui d'*expérimentale*;
ce mot dans notre Langue pourroit faire naître des idées différentes de celles,
qu'il

Il y a deux for-tes de Pfycho-logie.

qu'il convient de se former des leçons
d'un si grand Maître.

DE LA PSYCHOLOGIE EXPE-
RIMENTALE.

LA Psychologie expérimentale est
la Science d'établir à l'aide de
l'Expérience les principes par lesquels
on peut expliquer tout ce qui arrive
dans l'Ame.

§. 1.
Defini-
tion de
la Psy-
chologie
expéri-
mentale.

On voit assez par son nom seul,
qu'elle a pour base cette expérience
fine & délicate, qui nous fait saisir les
opérations de notre Ame, l'ordre dans
lequel elles se font, leur uniformité,
ou leur différence, leur rapport & leur
dépendance.

Redevables de mille découvertes à
l'expérience, il convenoit en quelque
façon, qu'après l'avoir employée si utilement pour surprendre une partie des
secrets de la Nature, nous nous en ser-
vissions pour épier & pour pénétrer
ceux de l'Ame; ce que l'on n'auroit
presque pû penser, M. W. l'a tenté,
cette même expérience, ce grand instrument qui demande des yeux si per-
çants, & des mains si habiles, il a osé

B 5   l'ap-

l'appliquer à l'Ame même, il l'a foumi-
fe comme le refte de la Nature à un
examen, & l'a affujettie à des loix : entrons à fa fuite dans ce labyrinthe, &
tâchons de faifir le fil qu'il nous préfente pour y marcher.

***

CHAPITRE PREMIER.

De l'exiftence de l'Ame.

Fonde-
ment de
la con-
noiffan-
ce que
nous a-
vons de
l'exiften-
ce de no-
tre Ame.

IL ne faut pas chercher ailleurs que
dans nous-mêmes la preuve de notre exiftence ; nous fentons que nous
penfons, que nous avons des idées des
chofes qui font hors de nous , foit
qu'elles exiftent , foit qu'elles n'exiftent
pas.

Je dis que ce fentiment feul, qui eft
en nous, & que nous ne faurions guères contredire fincerement , devient la
preuve de notre exiftence.

Il faut remarquer , qu'il ne fauroit
s'agir ici que de deux chofes : la premiére de nous affûrer qu'il eft en nous
un fentiment; la feconde, que ce fentiment ne fauroit exifter , qu'il ne de-
vien-

vienne en même tems la preuve de notre existence.

Pour nous convaincre qu'il est en nous un sentiment, il nous suffit de faire attention à nos perceptions; nous sentons à chaque instant que nous en avons, ou s'il étoit possible que nous en doutassions, nous sentons au moins que nous doutons, voilà donc un sentiment de l'un ou de l'autre côté; sentiment de nos perceptions, si nous convenons que nous avons des perceptions, comme nous ne saurions en disconvenir en effet; ou sentiment de notre doute, si nous doutons de nos perceptions, nous sommes donc convaincus, qu'il est en nous un sentiment quelqu'il soit.

Or nous ne saurions être convaincus de l'existence de ce sentiment, que nous ne le soyions de la nôtre, puisqu'autrement il s'ensuivroit, qu'un Etre auroit une qualité, celle du sentiment dons nous venons de parler, avant qu'il existât; ce qui est absurde.

Il est donc vrai de dire que ce sentiment seul qui est en nous, est une preuve de notre existence.

Le même raisonnement que nous

§. 12.
13.
14.
Preuve de cette Existence.

§. 15.

B 6.   ve-

Degré de certitude de la connoissance que nous en avons.

venons de faire sur le doute, qui au-roit pour objet ce sentiment, revient ici, puisqu'il seroit certain au moins que nous doutons, & qu'il est impossi-ble, qu'on dise d'un même Etre, qu'il doute, & qu'il n'existe pas.

Or est-il rien de plus certain que ce qui est établi par notre doute même? Ce degré de certitude est si grand, que l'on ne sauroit en concevoir au dessus.

§. 16. *Ce que nous connois-sons a-vec la même é-vidence que no-tre exis-tence même.*

De là il résulte, que toutes les ve-rités inferées par des Syllogismes, dont les prémisses sont ou des propositions si évidentes par elles-mêmes, qu'elles ne sauroient être démontrées, ou des juge-mens clairs & intuitifs, fondés sur le sentiment & l'expérience, nous de-viennent de la même évidence que notre existence même; car si nous exa-minons bien quel est le fondement de la certitude que nous avons de celle-ci, nous trouverons qu'elle n'en a d'autre en effet, que ce Syllogisme.

Tout Etre qui a un sentiment de soi, & des choses qui existent hors de soi, ex-iste lui-même,

Or est-il que nous avons un sentiment de

*de nous, & des choses qui existent hors
de nous : Donc nous existons.*

Comme nous n'acquiesçons à cette
conclusion, que parce que la première
proposition est un principe de raison,
dans lequel nous appercevons deux
choses si essentiellement liées, que la
notion de l'une renferme la notion de
l'autre, la notion du sentiment, celle
de l'existence qui la suppose; parce
que dans la seconde nous ne faisons
qu'affirmer de nous un sentiment, que
nous éprouvons être véritablement en
nous, & qui y est si clairement, que le
doute même que nous en aurions, en
deviendroit une nouvelle preuve, il
s'enfuit que tout ce que nous verrons
inferé par des Syllogismes, dont les
propositions auront ces mêmes qualités, ou seront si évidentes qu'elles ne
pourront être démontrées, deviendra pour nous de la même évidence, que notre existence même.

Il importoit, dit M. W., de recher-
cher ainsi la maniére, dont nous parvenons à être certains de notre existence, afin de juger des conditions né-
cessaires, pour connoître quelque cho-

se,

fé, avec la même évidence, que nous connoiſſons cette exiſtence ; & établir, autant qu'il eſt poſſible, le degré diſtinct de l'évidence que nous en avons.

§. 17.
Quelle eſt l'évidence de la Démonſtration.

Il s'enſuit donc encore, que tout ce que l'on nomme *Démonſtration*, eſt pour nous de la même évidence, que cette exiſtence même ; puisque la véritable démonſtration, car il ne s'agit ici que de celle-là, n'admet que des définitions qui repréſentent la choſe même, des expériences évidemment certaines, des axiomes & des propoſitions déja démontrées ; & ces principes étant les mêmes, que ceux qui nous convainquent de notre propre exiſtence ; le nœud qui les lie étant le même, il n'eſt pas étonnant, qu'ils produiſent en nous une certitude égale à celle que nous avons de cette exiſtence.

§. 18.
Des Vérités Géométriques.

Il faut dire la même choſe des Vérités Géométriques, que nous appercevons au flambeau de la Démonſtration, & qu'il eſt impoſſible que nous concevions comme il faut, ſans éprouver, qu'elles forcent, comme malgré nous, notre acquieſcement.

M.

M. W. remarque avec raison, qu'il ne s'agit toujours ici, que des véritables démonstrations, telles qu'Euclide & quelques anciens Géomètres nous en ont donné. Car il avoue que quelques Modernes ont souvent pris pour principes de démonstration, des choses qui ne sauroient s'accorder avec les règles de la démonstration, ni souvent même avec la Vérité.

Ce Principe qui dans nous sent qu'il pense, qu'il a des idées des choses qui sont hors de lui, s'appelle, Ame, ou Esprit.

§. 20.
Définition de l'Ame.

Il est évident par tout ce que nous venons de dire que l'Ame existe.

§. 21.
Son existence.

Il ne l'est pas moins que nous connoissons l'existence de notre Ame, avant de connoître celle de notre Corps; car en supposant que nous doutions de l'existence de celui-ci, nous sommes au moins certains de ce doute, & nous le devenons par ce doute, de l'existence de notre Ame, tandis que nous doutons encore de celle de notre Corps.

§. 22.
Elle nous est connue avant celle du Corps.

C'est là sans doute ce qui a fait dire à M. Descartes, que l'Ame nous est plus connue, que le Corps, parce que

lors

lors même qu'elle doute de l'existence de celui-ci, elle est assurée par ce seul doute qu'elle existe, entant qu'elle pense.

M. W. n'a pas oublié de remarquer, que la pensée de M. Descartes est vraie dans ce sens-ci, savoir que la première chose que nous connoissons certainement, lorsque nous doutons encore de toutes les autres, a rapport à l'Ame & non au Corps.

CHAPITRE II.

De la manière de parvenir à la connoissance de l'Ame.

POUR parvenir à la connoissance de l'Ame, il faut commencer par connoître nos pensées ; nos pensées renferment essentiellement la *Perception*, & ce que M. W. nomme après M. Leibnitz *Apperception*.

Expliquons tous ces mots.

§. 23.
Défini-*Penser*, dit M. W., c'est se représenter un objet & avoir le sentiment de

de l'idée qui le repréfente, par conféquent,

La *Penfée* eft l'action par laquelle l'Ame fe repréfente un objet & le fentiment qu'elle en a. Ainfi lorfque je me repréfente un Roi qui par l'affemblage de toutes les vertus fait douter à l'U-nivers fi fes Peuples lui font plus chers, qu'il ne l'eft lui-même à fes Peuples & qu'à cette image fi belle, je joins le fentiment que j'en ai, je penfe à un vrai Souverain, & digne par-là même du nom de *bien aimé*.

Car, comme nous venons de le dire, il faut deux chofes pour la penfée, la repréfentation de l'objet, & le fentiment que l'ame a de cette repréfentation.

La *Perception* n'eft autre chofe, que l'action par laquelle l'Ame fe repréfente un objet.

L'*Apperception* eft ce que nous avons nommé jufqu'ici fentiment, cette conviction que l'Ame a qu'elle penfe, qu'elle a des idées, car, comme dit la Fontaine,

Sur tous les animaux enfans du Créateur,

J'ai le don de penfer, & je fai que je penfe.

Ce

Ce que Mrs. Leibnitz & W. appellent *Apperception*, M. Descartes l'appelle en Latin *Conscientia*, qu'il n'est pas
nécessaire de traduire; c'est cette Science, si l'on peut parler ainsi, que l'A-
me a qu'elle pense.

La crainte que j'ai eu de me servir
du mot d'*apperception*, ou de *conscience*,
& la difficulté que je trouvois à ajuster
par-tout celui de Science aux idées de
M. W. m'ont fait préférer le terme
de sentiment, qui peut être nouveau
dans le sens où je l'emploie, mais M.
W. prétend que l'on est en droit de
s'approprier certains mots, pourvû
qu'on les définisse.

§. 26.
27. 28.
Maniére
de par-
venir à
la con-
noissan-
ce de
l'Ame.
Reprenons maintenant; pour parvenir à la connoissance de l'Ame, il ne
faut faire que ce que nous faisons
pour parvenir à connoître les autres
êtres: nous observons d'abord ce que
nous remarquons être dans ces êtres,
& de ces observations, nous en tirons
par le raisonnement des premiéres con-
sequences, qui nous menent ensuite à
d'autres plus éloignées.

En suivant l'esprit de cette méthode, nous remarquons que notre Ame
se représente des objets, & qu'elle a
le

le fentiment & la conviction de cette repréfentation, donc elle penfe; fes penfées renferment effentiellement la repréfentation d'un objet, & le fentiment de cette repréfentation, donc pour parvenir à connoître l'Ame, il faut connoître la penfée, & pour parvenir à connoître la penfée il faut confiderer non feulement de quelle maniére l'objet nous eft repréfenté, mais encore les changemens qui arrivent à l'Ame lors de cette repréfentation.

Cette repréfentation eft liée, comme nous avons dit, avec la perception; la perception dépend des impreffions ou changemens que les objets fenfibles font fur nos Sens, qui font les organes par lefquels ces impreffions ou changemens paffent jufqu'à l'Ame.

Il eft donc à propos d'examiner avant toutes chofes la perception, & de traiter des Sens, c'eft ce que nous allons faire dans les deux Chapitres fuivans.

C H A-

❦❦❦❦❦❦❦❦❦❦❦❦

CHAPITRE III.

De la différence formelle des perceptions.

§. 30.
Quel est
le fon-
dement
des per-
ceptions
claires &
obſcures.
L A différence formelle des perceptions ſe prend de la maniére dont
nous connoiſſons les objets.

Il eſt hors de doute, que lorſque
nous percevons un objet, nous ſentons, ou que nous pouvons le diſtinguer de tous les autres, que nous percevons en même tems; ou que uous
ne ſaurions l'en diſtinguer : que le même objet, par exemple, vû en plein
jour, ou aux approches de la nuit, fera
ſur nous des impreſſions bien différentes; & que dans la première de ces ſup-
poſitions nous diſtinguerons aiſément
ce qu'il a de ſemblable avec d'autres
objets, & cc qui l'en fait différer, &
que dans la ſeconde nous ne ſaurions
diſtinguer ni l'un ni l'autre, ou nous
ne le diſtinguerons qu'avec peine.

Il eſt donc vrai de dire qu'il eſt des
perceptions claires & qu'il en eſt d'obſcures.

Si

Si ce que nous percevons, nous le percevons de maniére que nous puiſſions le reconnoître, ou le diſtinguer des autres choſes que nous percevons en même tems, c'eſt une perception claire; telle eſt celle que nous avons d'un arbre que nous voions en plein jour, ou de la chaleur que nous ſentons en touchant une pierre échauffée par les rayons du Soleil, ou par le feu.

§. 31.
Définition de la perception claire.

Que ſi nous ne pouvions ni le reconnoître ni le diſtinguer, c'eſt ce que l'on nomme perception obſcure; telle eſt celle que nous avons d'un objet que nous ne voions que de loin.

§. 32.
De l'obſcure.

Rien n'empêche cependant que dans un objet, dont nous n'aurons qu'une perception obſcure, à cauſe de ſon éloignement, de ſa petiteſſe, ou du defaut de jour & de lumiére, il ne ſe trouve quelque choſe que nous puiſſions percevoir clairement; ainſi, quoi que nous ne puiſſions diſtinguer la ſorte d'animaux que nous appercevons au loin dans une vaſte Campagne, nous diſtinguerons cependant leur mouvement, leur grandeur, telle qu'elle a coutume de paroître dans l'éloignement

§. 33.

ment, leur couleur blanche ou noire
qui devient quelquefois ſenſible par les
autres objets d'une différente couleur
qui les entourent, & dans cette ſuppoſition nous aurons une perception
claire du mouvement, de la grandeur,
de la couleur ; quoi que nous n'en
ayions qu'une obſcure de la choſe.

§. 34.　　Et comme l'Ame perçoit ce qui eſt
en elle, & par conſéquent les perceptions claires & obſcures qu'elle a, rien
n'empêche encore qu'elle n'ait une
perception claire de ſa perception obſcure même, dans ce ſens qu'elle ſent,
qu'elle eſt convaincue, & qu'elle voit
clairement enfin, qu'elle ne perçoit
cet objet que d'une maniére confuſe.

§. 35. &
36.　　Ce que la lumiére eſt à l'égard de
l'œil ; la perception claire l'eſt à l'é-
gard de l'Ame, en ſorte qu'il eſt vrai
de dire, que comme nous n'appercevons les objets matériels, qu'à l'aide
de la lumiére, nous ne diſtinguons auſſi,
comme il faut, les choſes que nous
percevons, qu'à l'aide de cette clarté,
qui ſe répand ſur nos perceptions: a-
vec elle tout eſt lumiére, ſans elle
tout eſt ténèbres & obſcurité ; avec
elle nous marchons d'un pas ſûr dans
　　　　　　　　　　　　　　　　la

la connoiffance des objets, fans elle
nous n'allons qu'en tâtonnant, & notre tâtonnement toûjours mêlé de fati-
gues & de peines aboutit le plus fouvent à l'erreur.

Lorfque nous percevons clairement §. 37.
un objet, il eft certain, ou que nous $\begin{array}{l}\text{Quel eft}\\\text{le fon-}\end{array}$
pouvons diftinguer toutes les parties, dement
dont il eft compofé, & les expliquer des per-
en détail, ou qu'il nous feroit impos- $\begin{array}{l}\text{ceptions}\\\text{diftinctes}\end{array}$
fible de les diftinguer & de les expli- & con-
quer: nous voyons, par exemple, que fufee.
nous diftinguons dans un Arbre, le
tronc des branches, les branches des
feuilles, les feuilles des boutons, &
que nous faifons remarquer fans peine
toutes ces différentes parties de l'Arbre
à un enfant à qui nous voulons en
donner des Idées; nous voyons au contraire que quoi que nous percevions
clairement la couleur de l'or, que nous
la diftinguions de la couleur verte d'u-
ne prairie, d'une feuille, que quoique
nous diftinguions de la même manière
les différentes fortes de jaune ou de verd,
il nous feroit pourtant impoffible d'expliquer ce qui différencie toutes ces
couleurs entre elles.

On peut donc diftinguer deux per- §. 38.
cep-

Ce que c'est que la perception distincte.

ceptions claires, les unes distinctes, dont nous pouvons decompoſer en quelque façon & montrer les différentes parties ; telle eſt la perception que j'ai d'un Arbre, d'une maiſon, d'un homme ; les autres confuſes, deſquelles nous ne ſaurions rien dire, quelque effort que nous faſſions, que le nom qui les exprime, telles ſont les couleurs, les odeurs &c.

§. 39.
Ce que c'est que la con-fuſe.

§. 40.
Diffé-rence de la per-ception partielle & de la compo-ſée.

On diſtingue encore la perception, en perception partielle, & perception compoſée ; on nomme partielle celle qui eſt renfermée dans la percep-tion d'un autre objet , & compoſée celle qui en renferme pluſieurs par-tielles : la perception que j'ai d'un ar-bre, par exemple, eſt une perception compoſée, & celle que j'ai du tronc, des branches, des feuilles qui ſont les parties qui compoſent l'Arbre, ſont des perceptions partielles ; la perception que j'ai de la feuille devient à ſon tour une perception compoſée, ſi je la con-ſidère ſeparément ; & celles que j'ai de la couleur de cette feuille, de ſa ſub-ſtance, de ſon tiſſu , des petites fibres qui le forment, ſont des perceptions partielles.

De

De la même maniére les perceptions que j'ai de la couleur & de la
pesanteur de l'or sont partielles, &
celles de l'or, composées: par où l'on
voit que l'on nomme perceptions partielles non seulement celles qui représentent les parties, dont un objet est
composé, mais encore celles qui représentent ses déterminations, sa qualité, & sa quantité.

Ainsi comme l'on distingue dans les
choses mêmes qui ont rapport à l'Ame,
plusieurs déterminations, rien n'empêche que la première perception que
nous avons de ces choses, ne soit re-
soluë, & comme divisée en perceptions partielles.

Ce sont les perceptions particuliéres, §. 41.
qui rendent la composée distincte ; car Ce qui
pourquoi la perception que j'ai de donne
l'Arbre est-elle distincte, si ce n'est de la
clarté à
parce que je perçois clairement le nos per-
tronc, les branches, les feuilles qui ceptions.
le composent? puisqu'il est vrai, que
si je ne pouvois discerner clairement
toutes ces parties les unes des autres,
ma perception ne seroit point distincte en effet.

C'est par le nombre des choses qui §. 42.
C font

font perçues diftinctement dans un objet, que l'on juge des différens degrés de la perfection d'une perception. Plus nous percevons clairement de parties ou déterminations dans un objet, & plus la perception que nous en avons eft diftincte.

§. 43.
Percep
tion to-
tale.
Outre la perception compofée, on en diftingue encore une qui a fous elle, de même que la compofée, des perceptions partielles, à l'égard desquelles elle peut être regardée comme un tout : c'eft pourquoi on la nomme perception totale; telle eft la perception que nous avons du Spectacle, laquelle renferme celle du Théatre, des loges, des Acteurs; & la perception que nous avons de la Gallerie de Verfailles, laquelle comprend celles des Peintures, des Statues, des vafes, des glaces, de ce peuple immenfe de Courtifans &c.

§. 44.
Ce qui
la rend
diftincte.
Il faut dire encore de cette derniére perception, ce que nous avons dit de la compofée, qu'elle eft d'autant plus diftincte que les idées partielles qu'elle comprend, font claires elles-mêmes.

Diffé-
rence de
la per-
ception
Toutes ces perceptions ne font que l'action de l'Entendement même, par lequel il fe repréfente un objet. Car il

il faut bien diftinguer la perception *de & de* l'idée ; la perception eft cette action l'idée. de l'Entendement dont nous venons de parler, & l'idée eft l'image qui eft produite par cette action : de maniére que toutes les fois qu'un objet eft repréfenté à l'efprit, on peut y diftinguer ces trois chofes, 1. l'action de l'efprit par laquelle fe fait cette repréfentation, & c'eft la perception ; 2. la repréfentation même ou l'image, & c'eft ce que l'on nomme l'idée, & 3. la conviction ou le fentiment que M. W. nomme *apperception*.

Pour rendre cette diftinction encore plus fenfible, j'entre dans un petit détail, qui fait entrevoir en même tems le fyftème de M. W. fur l'Ame dans les circonftances, où nous l'examinons.

Pour cela il faut fuppofer,

1º. Que comme il eft des loix pour les Corps mis en mouvement, il en eft auffi pour les Senfations, lors qu'elles font excitées par un objet fenfible.

2º. Que la premiére de ces loix eft, qu'un objet fenfible ne fauroit produire un changement dans quelqu'un des organes de nos Sens, qu'il ne fafse en même tems un changement dans notre Ame.

On appelle ici *changement*, ce mouvement ou cette impression que fait un objet materiel ou fensible fur nos organes ; impression à laquelle en répond une autre toute femblable dans notre Ame.

3o. Que l'Ame a en elle la puiffance de fe repréfenter tout l'Univers: ceci a encore befoin d'être expliqué, car on ne prétend pas qu'elle fe le repréfente tout en même tems, mais feulement qu'elle a le pouvoir de s'en repréfenter quelques parties clairement, & de fe le repréfenter fucceffivement en effet, à mefure que chacune des parties fenfibles qui le compofent, fe trouve dans la fphère d'un de nos Sens, & à portée d'agir fur leurs organes.

Toutes ces fuppofitions faites, il eft aifé de voir ce qui arrive dans l'Ame, lorfqu'un objet fenfible vient à produire, pour me fervir des mêmes termes, un changement fur un de fes Sens; prenons celui de la Vue.

Auffi-tôt que l'organe de ce Sens eft frappé, l'Ame conformément à cette

loix

loix que nous venons de suppofer,
s'en forme une image, l'action par laquelle elle la forme, fe nomme *perception*, & l'image fe nomme *idée*.

Il y a encore ici une obfervation à
faire.

§. 48.

Cette image conferve toujours le
nom d'Idée, tandis qu'elle ne repréfente que tel objet particulier, fans s'attacher à ce que cet objet a de commun avec les autres de fon efpèce.

Mais fi elle repréfente les déterminations ou qualités qui font communes à cet objet avec les autres individus de fon efpèce, elle perd alors
le nom d'Idée, & prend celui de *Notion*.

§. 49.
Ce que
c'eft que
la No-
tion.

Rendons encore cela plus clair,
s'il eft poffible, par un exemple.

L'idée eft l'image de Jacques ou de
Pierre regardés en particulier, & comme tels; & la notion l'image de Jacques ou de Pierre confidérés par les
attributs qui leur font communs avec
les autres hommes, ou l'image de ces
attributs mêmes.

La même différence que nous a-
vons dite devoir être mife entre les
perceptions, il faut la mettre entre

C 3   les

les notions, & comme M. Leibnitz
celui qui le premier a faifi toutes ces
nuances des idées, & après lui M. W.
fe fervent plus communémens du nom
de notions, & ne fe fervent même
prefque que de ce nom, il fera bon à
leur exemple d'apliquer ici plus en
détail aux notions, ce que nous avons
déja dit en grande partie des perceptions; nous prendrons cet article de
celui de la Logique de M. W. où il
nous renvoie ici, & nous y ajouterons
feulement une ou deux de fes réflexions fur le moyen d'acquerir des notions diftinctes.

CHAPITRE IV.

Des Notions.

§. 50.
Défini-
tion de
la No-
tion.

ON entend par *Notion*, ainfi que
nous venons de le dire, la repréfentation qui fe fait dans l'Ame
d'un objet avec les déterminations qui
lui font communes avec plufieurs individus. Ainfi les images que je me
fais de quelque objet que ce foit, vû
fous

sous ces rapports qui lui font communs avec d'autres objets, sont autant de notions.

Comme nous acquerons par les Sens, les notions des objets qui sont hors de nous, les notions, par exemple, de la lumiére & des couleurs par la Vue, celles du son par l'Ouïe, & ainsi des autres, il importe de faire la plus grande attention aux images que nous retracent les Sens, & d'y distinguer avec soin les rapports, par lesquels l'objet qu'elles représentent convient avec d'autres objets, & ceux par lesquels il en differe, les endroits, si l'on peut parler ainsi, qui font la ressemblance & ceux qui font la différence ou la diversité.

C'est cette différence, qui n'est jamais plus sensible, que lorsqu'on a écarté ce qu'il y a de semblable, qui rend nos notions plus ou moins claires, à proportion qu'elle est plus ou moins connue elle-même.

Si la notion que nous avons suffit pour nous faire reconnoître l'objet qui nous est présenté, nous disons qu'elle est claire; telle est la notion que nous avons des couleurs.

De la notion claire.

C 4

Que

De l'obfcure.

Que fi elle ne fufit pas, pour nous le faire diftinguer, nous la nommons obfcure; telle eft la notion que nous avons d'un homme, d'un arbre, d'une plante, que nous voyons fans pouvoir nous rappeller, fi ce font les mêmes qne nous avons vûs ailleurs, & dans un autre tems, & que l'on appelle d'un tel ou tel nom.

Cette obfcurité a encore différents degrés, car, pour me fervir des mêmes exemples, cet homme, cet arbre, cette plante ont bien quelque chofe de l'air, de la figure, de la forme de ceux que nous avons vûs auparavant, mais nous ne faurions dire certainement, fi la reffemblance eft parfaite, & fi c'eft en effet le même homme, le même arbre, la même plante.

De la claire diftincte & claire confufe.

La notion claire fe diftingue comme la perception, en claire diftincte, ou claire confufe. Nous avons une notion de la premiére efpèce, lorfque nous pouvons expliquer les caractères diftinctifs d'un objet, & parvenir à le faire connoître, parce que nous difons de ces caractères; telle eft la notion que nous avons d'une montre, dont nous pouvons donner du moins quelque con-
noif-

noiſſance, ne fût-ce qu'en diſant que c'eſt une machine qui ſert à nous marquer par une aiguille tournante l'heure du jour ou de la nuit qu'il eſt : la notion de la ſeconde eſpèce ſe borne à la connoiſſance de la choſe même, & ne ſauroit aller juſqu'à pouvoir la déſigner par ſes caractères ; telles ſont les notions que nous avons des couleurs.

Il y a donc cette différence entre la notion diſtincte, & la notion confuſe, que l'on peut donner une idée de la première, & la faire comprendre par des paroles, qui l'expliquent & la repréſentent en quelque façon, au lieu que l'on ne ſauroit en donner de la ſeconde que par l'objet même : quelque choſe que vous diſiez vous ne ferez jamais entendre à un aveugle, ce que c'eſt que le rouge ou le blanc.

Cette notion claire diſtincte ſe partage encore en complette, & incomplette : elle eſt complette ſi les caractères que l'on remarque en un objet ſuffiſent pour le faire diſtinguer de tous les autres ; telle eſt la notion que j'ai du Cercle, lorſque je me le repréſente comme une figure terminée par une ligne courbe, qui ſe retourne elle-même,

De la complette & incomplette.

C 5

même, & dont tous les points sont é-
galement diſtants d'un autre, que l'on
appelle Centre.

Elle eſt incomplette, ſi l'on ne donne pas à un objet tous les caractères
qui le diſtinguent, mais ſeulement
quelques-uns de ceux qui aident à le
faire diſtinguer des autres : comme
quand Deſcartes définit le Corps une
ſubſtance étendue, notion, dit M. W.
qui ne le diſtingue point de l'eſpa-
ce que les Cartéſiens croient auſſi
par la même raiſon ne pas différer du
Corps.

De l'a-
déquate
& ina-
déquate,

Enfin on la nomme adéquate, ou
inadéquate; adéquate, ſi la connoiſſance que j'ai des marques & des caractères qui différencient un objet, eſt
elle-même claire & diſtincte; telle eſt
la notion du Cercle que je viens de
rapporter : ſi à la connoiſſance que
j'ai des caractères qui le diſtinguent j'y
joins des notions diſtinctes de ces caractères mêmes, de la ligne courbe,
du centre, de la diſtance &c. elle eſt inadéquate, ſi la connoiſſance que j'ai
de ces caractères, n'eſt que confuſe,
comme il arrive ſouvent dans les définitions, dont tous les mots ne ſont
pas

pas affez expliqués, pour donner des notions claires.

Tels font les différens degrés de perfection que peut avoir la notion ; elle est claire, fi elle repréfente clairement fon objet ; diftincte, fi elle le repréfente avec des caractères ; complette, fi ces caractères fuffifent pour le faire diftinguer ; adéquate enfin fi la connoiffance de ces caractères eft elle-même diftincte.

Il ne faut pas omettre ici une chofe qui fait beaucoup à la gloire de M. W. auprès de ceux qui s'y connoiffent ; il femble avoir craint qu'on n'eftimât pas affez tout ce qu'il dit des notions, s'il fe donnoit pour en être l'Auteur, tant il a foin d'avertir que toute cette grande découverte, qu'on peut regarder comme l'analyfe de nos penfées, n'eft due qu'à l'illuftre M. Leibnitz.

Au refte il eft facile de voir par tout ce que nous venons de dire des perceptions, des idées, des notions, que ces trois chofes fe tiennent par un lien naturel & indivifible ; que la perception & l'idée font la même chofe confiderée de deux points de vue différents ; l'une

n'é-

tant que l'action de l'esprit qui se représente un objet, & l'autre la représentation même de cet objet; que l'i-
dée devient de la même manière une
notion, ou la notion une idée suivant
les différents rapports, sous lesquels
nous les voyons; & que nous passons
presque imperceptiblement de l'une à
l'autre, de l'idée de l'individu à la
notion de l'espèce, de celle de l'espèce à celle du genre, & dans ce dernier ordre d'un genre à l'autre, par
exemple, de l'idée d'un triangle rectiligne tracé sur le papier, à la notion
d'un triangle rectiligne en général, de
celle-ci à celle du triangle, qui en
est le genre, de celle du triangle à la
figure qui est un autre genre supé-
rieur & plus étendu; on voit qu'il ne
s'agit dans tout ce passage que de
changer, ou ôter la forme ou le nombre des lignes.

Moyens
de parve-
nir à la
notion
distincte

Aussi est-ce un des moyens, que
propose M. W. pour parvenir à la
notion distincte; savoir de remarquer
dans chaque objet ce qu'il a de particulier & de commun, & dans ce dernier ordre de remonter jusqu'aux genres les plus éloignés.

Il

Il en est encore un autre, que nous avons déja comme indiqué, lorſque nous avons diviſé plus haut les perceptions, en perceptions partielles & compoſées; c'eſt d'analyſer, pour ainſi dire, chaque objet, & les parties qui le compoſent, & de porter toujours plus avant cette analyſe juſqu'à ce que l'on ſoit parvenu à avoir des notions diſtinctes, & qui ne laiſſent plus de doute à l'eſprit: de faire enfin, à l'égard de tous les objets de notre connoiſſance, ce que nous faiſons avec le ſecours du Microſcope à l'égard de ceux qui ſont ſenſibles, & dont nous ſommes parvenus à connoître la nature, & la compoſition, dès que nous avons pu en appercevoir les parties, qui les compoſent, leur figure, leur ſituation & leur tiſſu: c'eſt ainſi que l'on a découvert, que la moële dans les plantes, n'eſt qu'un amas de petites véſicules; que la brulure que nous fait l'ortie, lorſque nous la touchons, n'eſt cauſée que par un tiſſu d'aiguilles très-fines, dont elle eſt heriſſée, &c.

Comme ce ſont les parties, ou ce que nous avons nommé les caractères

C 7 dif-

diftinctifs d'un objet qui rendent les notions que nous en avons plus ou moins claires, fuivant que ces parties, ces caractères font plus ou moins connus; ainfi ce font ces notions plus ou moins claires, qui rendent nos connoiſſances plus ou moins parfaites; car

§. 51.
Ce que c'eſt que connoître, & la connoiſfance.

qu'eſt-ce que connoître un objet, Dieu par exemple, fi ce n'eſt acquerir la notion ou l'idée de cet objet, des attributs qui font fon eſſence divine? & qu'entendons-nous par *connoiſſance*,

§. 52.

finon cette action de l'Ame, par laquelle elle acquiert cette notion ou cette idée? enfin qu'appellons-nous en nous faculté de connoître, finon cet

§. 53.

te faculté de l'Ame par laquelle, nous acquerons les idées & les notions des chofes?

C'eſt cette différence d'idées & de notions confufes & diftinctes dont nous venons de parler, qui fait que l'on dis

§. 54.

tingue dans l'Ame quoi que fimple, deux parties, l'une inférieure à laquelle appartiennent les idées obfcures & confufes, & l'autre fuperieure, qui

§. 55.

forme les idées & les notions diftinctes.

C H A-

CHAPITRE V.

Des Sens.

NOus avons dit que pour parvenir
à connoître la penfée, il falloit
connoître non feulement la perception
ou la repréfentation qui renferme la
penfée, mais encore le changement qui
furvient à l'Ame par cette perception
ou repréfentation ; car les perceptions
étant regardées comme autant de modes, qui conftituent l'état de l'Ame,
il s'enfuit que ces changemens & ces
revolutions continuelles de perceptions
en caufent de même dans l'état de
l'Ame.

Nous avons dit en même tems que
ces changemens de l'Ame en fuppo-
foient auparavant dans les Sens, qui
font les organes, par où paffent jufqu'à elle les impreffions des objets matériels & fenfibles qui font dans le
monde ; mais pour proceder avec plus
d'ordre, il eft bon de faire en quelque
maniére à l'égard du Corps le domici-
le

le des Sens , ce que nous avons fait à l'égard de l'Ame , d'examiner fi nous avons quelque notion du Corps, quelle eft cette notion , & comment nous parvenons à l'acquerir.

§ 56.
Comment nous parvenons à connoître notre Corps.

Nous favons à n'en pouvoir douter, que nous avons des perceptions des objets fenfibles qui exiftent dans l'Univers , & nous remarquons que nous ne les avons qu'au moyen d'une impreffion, d'un changement, que ces objets font fur un Corps ; que nous n'avons , par exemple, la perception des objets qui envoient la lumiére, ou de ceux qui affectent par le toucher, qu'au moyen de l'impreffion que font les premiers fur l'œil , & les feconds fur quelque partie du Corps , puisqu'il eft vrai que nous ceffons de percevoir ces objets , dès que nous fufpendons cette impreffion , ou en fermant l'œil, ou en écartant cette partie du Corps qu'ils touchoient.

Voilà donc deux différens Corps, l'un qui fait l'impreffion & le changement, l'autre qui reçoit cette impreffion & ce changement, & il ne dépend pas de nous de ne pas fentir cette différence.

Nous

Nous remarquons encore que ce changement ou cette impression est la seule raison qui puisse nous faire comprendre pourquoi nous percevons des objets sensibles existants hors de nous, & que nous les percevons tels ou tels, & que par conséquent la perception que nous avons des objets matériels & sensibles dépend des changemens qui arrivent à ce Corps. Ce rapport, cette dépendance est encore un de ces points, que l'on ne sauroit nier, & dont nous sentons en nous-mêmes la vérité.

§. 57.
Les perceptions dépendent du Corps.

Or ce Corps d'où dépendent les perceptions, que nous avons des objets sensibles ou matériels, existants hors de nous; c'est ce que nous appellons notre Corps.

§. 58.

Il est donc vrai de dire que nous avons une notion de notre Corps, quelle que soit cette notion, car il n'est pas nécessaire ici qu'elle soit distincte; & que si les perceptions supposent un changement qui les fait naître, & ce changement, des Corps qui le font, ce même changement suppose aussi un Corps où il arrive.

Voilà donc l'ordre & l'enchaînement qu'il faut établir; nous percevons

vons des objets sensibles, nous ne les percevons que par le changement que leur action fait sur nous. La perception des objets matériels nous mene donc en même tems à connoître, & leur existence, & celle de notre Corps.

§. 59.
Ce qu'on entend par un Corps présent.

On imagine bien que les Corps qui sont les causes des changemens dont nous parlons, ne sauroient les faire qu'autant qu'ils sont présens.

On entend par *présens* ceux dont l'action peut s'étendre & se faire sentir à notre Corps, & y faire quelque changement, ceux enfin qui ont à son égard une position; une situation telle que nous puissions les percevoir, s'il n'y a point un obstacle accidentel, qui nous en empêche. Ainsi nous disons du Soleil, d'une Horloge, d'une fleur, que ce sont des objets qui nous sont présens, lors que nous voyons le Soleil, nous entendons l'horloge, nous sentons l'odeur d'une fleur.

§. 60.
J'ai dit, s'il n'y a un obstacle accidentel, qui nous en empêche, car quoi que je cesse de voir pendant la nuit, lorsque la lumière est éteinte, un objet que je voyois auparavant avec cette

te même lumiére, cet objet ne cesse pas d'être présent, parce qu'il demeure toujours placé à l'égard de mon œil, de maniére que je pourrois l'appercevoir, s'il n'y avoit pas un obstacle accidentel, qui m'en ôtât la vue, qui est le défaut de lumiére.

Ainsi il ne faut pas confondre la présence dans le lieu, avec celle dont nous parlons; l'horloge dont nous entendons le son, les carosses dont nous entendons le bruit, sont présens par rapport à nous, de cette présence dont il s'agit ici, quoiqu'ils ne le soient pas de celle de lieu, s'ils ne sont pas en effet dans le même lieu où nous sommes. §. 61.

Comme la Vue est le premier des Sens, & que le Toucher suppose l'objet très-proche, c'est principalement sur leur rapport, que l'on juge de la présence des objets matériels.

De tous les Corps le nôtre est le seul qui nous soit toujours présent, car quoi que nous n'y réflechissions pas à tous les instants, il n'en est cependant aucun, où nous ne puissions nous en assûrer, soit par la vue, soit par le toucher, puis qu'à tous §. 62. Notre Corps nous l'est toujours.

les.

les inſtants, celles des parties de notre Corps que nous voyons, ou que
nous touchons peuvent faire ſur notre Corps même, les impreſſions & les
changemens néceſſaires pour que nous
en ayions la perception. Auſſi tire-
t-on de-là une nouvelle preuve, que
ce Corps eſt véritablement le nôtre,
puiſqu'il eſt le ſeul qui nous ſoit préſent ſans interruption dans tous les
tems, tandis que tous les autres ne
le ſont que ſucceſſivement & par intervalles.

§. 63.   Ce que nous venons de dire des
& 64. Corps préſens, ſuffit pour nous faire
connoître ce que l'on entend par les
Corps abſens ſoit par rapport à nous,
ſoit par rapport au lieu, ſans que
nous ſoions obligés de l'expliquer.

Reprenons: voilà un Corps; parce
qu'il nous eſt toujours préſent, &
qu'il ne tient qu'à nous de nous en
aſſurer à chaque inſtant, par les différentes perceptions que nous en avons,
nous ſommes convenus de l'appeller
le nôtre, les autres Corps qui ſont à
portée d'agir ſur lui y font des changemens, l'objet que je regarde en fait
un ſur mon œil, celui que j'entens
ſur

fur mon oreille, & ainſi des autres: ces changemens ſont accompagnés en moi de la perception des objets matériels & ſenſibles qui les font, & me ſervent à comprendre & à expliquer pourquoi ils me paroiſſent plutôt tels qu'autrement.

Faiſons bien attention à cette perception; c'eſt ce que l'on nomme *Senſation*, comme la faculté de l'avoir ſe nomme *Sens*, & la partie du Corps où arrive le changement qui la fait naître, *Organe*.

§ 65.
Ce que c'eſt que la Senſation.

Ainſi la Senſation n'eſt autre choſe que cette perception que j'ai des objets ſenſibles & matériels, & que j'explique par l'impreſſion, ou, comme dit M. W., le changement qu'ils font ſur mes organes, comme le Sens n'eſt autre choſe que la faculté que j'ai de les percevoir au moyen de cette même impreſſion, & que l'organe, cette partie du Corps où ſe fait l'impreſſion.

§ 65.
Définition de la Senſation.
66.
Du Sens.
& 67.
De l'organe du Sens.

On ſait aſſez que nous avons cinq Sens, la Vue, l'Ouïe, l'Odorat, le Gout & le Toucher.

§. 68.

Il eſt à remarquer que le dernier le plus ſûr, comme le moins délicat de tous, par lequel nous nous aſſûrons de
la

la grandeur, de la figure, de la dureté, de la molleſſe, du froid, du chaud
des Corps, eſt le ſeul ſur lequel ces
Corps agiſſent immédiatement & par
eux-mêmes; car ils n'agiſſent ſur les autres que médiatement, comme l'on
dit, & par le ſecours d'un autre corps
interpoſé. Ainſi l'Ame ne connoît la
figure des corps par la vue, qu'à l'aide
des rayons de lumiére, qui ſont portés aux yeux; elle ne reçoit l'impreſſion des corps ſonores, que par le fré-
miſſement & les vibrations des parties
de l'air, qui viennent frapper l'organe
de l'Ouïe, elle ne perçoit de même les
qualités du corps odoriferant ou ſapide,
que par ces parties ſubtiles qui émanent
des corps & affectent l'Odorat, ou de
ces particules qui mêlées avec la ſalive
agiſſent ſur les mâmelons de la langue.

Le nom-
bre des
Sens.

C'eſt auſſi la raiſon que l'on apporte
pour prouver que ces cinq Sens ſuffiſent; car où les corps ſenſibles & étrangers agiſſent immédiatement ſur nous,
& c'eſt alors le Sens du Toucher, ou ils
agiſſent ſeulement de l'une des quatre
maniéres que nous venons d'expoſer,
& alors c'eſt un des quatre autres Sens.
Ce

Ce n'eſt pas ici le lieu d'examiner la nature des différens corps, qui agiſſent ſur les différens organes de nos Sens, ou la maniére dont ils agiſſent, pour y faire les différentes impreſſions : cet examen qui apartient à la Phyſique, nous écarteroit de notre Plan, dans lequel nous ne conſiderons les Sens, que par rapport à l'Ame.

Chaque Sens ainſi conſideré, eſt une faculté de percevoir les objets, conformément au changement, ou à l'impreſſion qui ſe fait dans l'organe qui lui eſt propre.

Ainſi le Sens de la Vue eſt une faculté de percevoir les objets, conformément au changement que la lumiére produit dans l'œil, celui de l'Ouïe, de les percevoir conformément à l'impreſſion ; qui ſe fait dans l'oreille, & ainſi des autres.

§. 69. 70. 71. Définition du Sens de la Vue, de l'Ouïe.

Quoi que ce ſoit ſpecialement à la Phyſique qu'il appartienne, ainſi que nous venons de le dire, de tenter l'explication de ces grands myſtères dont nous parlons, il ſera cependant facile de juger par le ſeul exemple de la Vue, à quel point nos perceptions dépendent de l'impreſſion que fait ſur

ſon

son organe, l'objet fenfible qui vient à le frapper : la perception que nous avons de cet objet, n'eft-elle pas en effet claire ou diftincte, à proportion que l'eft l'image même qu'en tracent dans le fond de l'œil les rayons de lumiére qui s'y infinuent, & ne percevons-nous pas de même plus ou moins clairement les fons, à proportion qu'ils frappent d'une maniére plus diftincte nos oreilles ?

§. 74. & 75. Deux fortes de Senfations.

Il faut diftinguer deux fortes de fenfations ; les unes plus, les autres moins fortes, celles-là avec un plus grand, celles-ci avec un moindre degré de clarté. Ainfi la perception de la lumiére du Soleil eft plus forte & plus claire, que celle de la lumiére de la Lune, la perception de la trompette, que celle de la flute, & ainfi des autres perceptions.

§. 76. Les unes obfcurciffent les autres.

Les premiéres obfcurciffent les fecondes ; ainfi lors que le Soleil & la Lune fe trouvent en même tems fur notre Horifon, la clarté de l'un ôte à l'autre celle qu'elle a dans une belle nuit, & ne lui laiffe qu'une lumiére foible & pâle ; elles les obfcurciffent même quelquefois de maniére que nous n'a-

vons

vons plus de fentiment des foibles.
Ainfi la lumiére du Soleil éteint tout
à fait ce bel éclat que les Etoiles ont
à nos yeux pendant la nuit; & fi nous
voulons des exemples des autres Senfations, combien de fois arrive-t-il que
le bruit des caroffes, le fon des cloches
ne permet pas que l'on s'entende?
Combien de fois recourons-nous au ta-
bac, à des odeurs fortes, pour empêcher le fentiment de celles qui nous
incommodent?

Quoi que l'on fache affez ce que c'eft §. 77.
qu'un objet fenfible, il eft bon de fe rap- Ce que
peller, que nous entendons par-là toute l'on enforte d'objets, qui peuvent être perçus tend par
par les Sens, ou qui peuvent faire fur les objets
leurs organes ce changement, cette im- fenfibles.
preffion, par laquelle on peut expliquer
la perception, qui y répond dans l'Ame.

Il ne faut pas oublier cependant que
nous ne confidérons ici ni l'objet, ni
le changement même qu'il fait, ces
deux points étant, ainfi que nous l'a-
vons dit, du reffort de la Phyfique, &
que nous ne regardons cet objet fenfible, qu'autant qu'il eft perçu par
l'Ame, tout notre but étant de re-
chercher de quelle maniére elle per-

D   çoit

çoit ceux des objets, qui font un changement, une impreſſion ſur l'organe de ſes Sens.

§. 78. La forme des perceptions eſt indépendante de l'Ame.

Quelque indépendance que nous donnions à l'Ame, dit M. W. ſon indépendance ne va point juſqu'à pouvoir changer quelque choſe en ſes Senſations, & pouvoir, tandis que l'objet ſenſible agit ſur les Sens, en faire, par exemple, naître une, différente de celle que doit exciter cet objet.

Et en effet les Senſations & les changemens qui arrivent aux organes des Sens aiant un rapport & une liaiſon ſi eſſentielle que l'on ne peut ſuppoſer cés changemens, que l'on n'éprouve des Senſations qui y correſpondent; toutes les fois que le changement ſera & demeurera le même, la perception doit être & demeurer auſſi la même, & par conſéquent, tandis qne l'on ſuppoſe qu'un objet agit ſur les Sens, comme l'Ame ne peut, dans cette ſuppoſition, faire qu'il n'agiſſe pas, elle ne peut empêcher auſſi qu'elle n'ait la perception qui répond au changement qu'il y fait; ainſi elle ne ſauroit percevoir une mélodie douce & tendre, tandis que le bruit affreux du du Tonnerre, & du Canon ébranle l'organe de l'Ouïe, percevoir une odeur charmante, tandis qu'une desagréable frappe l'Odorat, enfin lorsqu'elle voit un objet à une certaine distance, elle ne sauroit ne le pas voir plus grand, ou plus petit, suivant cette distance.

M. W. le répète encore : il n'est personne qui n'éprouve à quel point les Sensations dépendent des changemens, qui arrivent à l'organe de ses Sens, & qui ne comprenne par conséquent, qu'elles ne sauroient être expliquées d'une maniére intelligible qu'à l'aide de ces changemens.

De cette même maniére, lorsqu'un objet sensible, placé comme il doit l'être pour faire impression sur les Sens, vient à agir sur eux, il n'est pas au pouvoir de l'Ame de percevoir, ou ne pas percevoir cet objet ; ainsi tandis qu'on a les yeux, les oreilles ouvertes, lors qu'un corps sensible, qu'un son viendra à les frapper, on ne sauroit pas voir ce corps, ne pas entendre ce son.

§. 73.

C'est toujours le même principe, que nous avons établi, savoir que les Sensations dépendent du changement

qui

qui fe fait fur l'organe des Sens, &
que ces deux chofes, la fenfation & le
changement, ont un rapport effentiel
entre elles.

On comprend facilement qu'il ne
fauroit s'agir ici que d'un homme vivant ou éveillé, puis que le changement, tel qu'il doit fe faire dans un
corps, pour que l'Ame fe repréfente
l'objet qui le fait, & qu'elle ait le fentiment de cette repréfentation, ne
peut avoir lieu à l'égard d'un corps
fans vie, ou enfeveli dans le fommeil.

On n'a pas manqué de dire à M. W.
que cette dépendance, où il fuppofe
que l'Ame eft des Sens, peut devenir
préjudiciable & funefte à la Liberté,
mais bien loin d'en convenir, il appelle au Tribunal de la Poftérité ceux
qui ofent lui imputer ce grief, il va
même jufqu'à prétendre que cette
Doctrine doit avoir fon ufage dans la
Morale, puifqu'elle nous découvre au
moins les obftacles qui nous viennent
des Sens, & que de connoître le peu
de pouvoir que l'Ame a fur fes Senfations, lorfqu'elle fe met en prife aux
objets qui les font naître, eft déja pour
nous

nous le plus puiſſant motif d'écarter ces obſtacles.

Auſſi eſt-ce là le biais qu'il prend, en attendant qu'il puiſſe nous developper, comme il promet de le faire un jour, ce grand myſtère; & comme il convient que les Sens font des guides ſuſpects & dangereux, il propoſe cependant des moyens certains, d'échapper à leur ſeduction.

1°. Il aſſure qu'en détournant l'organe des Sens, de l'objet qui peut le frapper, on empêche la Senſation que feroit cet objet; qu'en ne regardant point, par exemple, la Lune, on ne la verra point, qu'en ne portant point la main à l'œil, on ne le touchera point. §. 80. Moyens d'empêcher la Senſation.

2°. De même, qu'en empêchant de quelque maniére que ce ſoit l'action de l'objet ſenſible ſur l'organe des Sens, on empêche auſſi la Senſation qu'en auroit l'Ame, par cette raiſon que tout le monde ſait, qu'en ôtant la cauſe, on ſuſpend auſſi l'effet; ainſi en fermant les yeux, & ſe bouchant les oreilles, on ne voit, ni n'entend. §. 81.

3°. Conformément au principe que nous avons établi, qu'en excitant une §. 82.

D 3 Sen-

Senſation plus forte, que celle qu'on
avoit auparavant, on affoiblit, & on
efface même quelquefois l'impreſſion
de celle-ci; ainſi en parlant tout haut,
on s'empêche d'entendre ce que d'autres perſonnes diſent à voix baſſe, en
allumant une lumiére on fait diſpa-
roître entiérement celle qu'une ſorte
de ver ou de bois pourri fait dans
l'obſcurité de la nuit.

Quelqu'un peut-être en voyant
des maximes ſi ſimples pourroit
prendre de leur ſimplicité, un pré-
texte de les mépriſer; ou bien parce qu'il lui eſt arrivé de faire de la
proſe ſans le ſavoir, il ſe croiroit
déja Philoſophe; M. W. l'avertit de
ſe garder de cette façon de penſer,
& nous annonce, que comme du Point
& de la Ligne dans la Géométrie naiſ-
ſent les vérités les plus ſublimes, ainſi l'on verra de ces principes ſimples
en apparence éclore comme d'un
germe, les connoiſſances les plus importantes & les plus éloignées des notions communes.

Comme cependant dans la Philoſophie naturelle, pour expliquer de
quelle maniére nous faiſons mouvoir à
no-

notre gré les Corps, il est nécessaire
d'établir auparavant des règles du
mouvement ; ainsi pour mieux faire
entendre comment nous parvenons à
conduire & à diriger à notre gré nos
actions libres , il importe d'établir
des loix & des règles de nos perceptions & de nos Sensations.

On appelle règles des Sensations ,
ce qui nous sert à les expliquer , &
les principes généraux de ces règles,
sont ce que l'on nomme Loix.

§. 83,
84.
Loix
des Sen-
sations.

Or ce que nous venons de dire de
l'objet sensible , de l'impression qu'il
fait sur l'organe des Sens , & de la
la perception qui répond à ces Sensations , nous met à portée d'établir
ces Loix.

La principale, ou, pour mieux dire,
la seule, puisqu'elle suffit pour expliquer tout ce qui a rapport aux Sensations, est celle-ci.

§. 85.

Un objet sensible ne sauroit produire un changement dans quelqu'un des
organes de nos Sens, qu'il ne se fasse en même tems dans notre Ame
une Sensation, dont toutes les qualités peuvent être expliquées d'une ma-

D 4   niére

niére intelligible par le secours ou le
moyen de ce changement.

M. W. suppose cette Loi assez prouvée par tout ce que nous avons dit;
l'Optique d'ailleurs, en expliquant les
règles suivant lesquelles nous voyons,
suffit seule pour répandre le plus grand
jour sur ce principe.

De cette grande Loi, il s'ensuit;

§. 86.
Pour-
quoi la
percep-
tion est
la même.
1°. Que si l'objet sensible fait le
même changement sur l'organe des
Sens, la Sensation dans l'Ame sera
aussi la même. Ainsi deux objets paroîtront également grands, s'ils forment dans l'œil des images de la même
grandeur, & sont vûs par conséquent
sous le même angle.

§. 88.
Pour-
quoi le
même
objet
paroîtra
diffé-
rent, &
diffé-
rents
objets
paroî-
tront les
mêmes.
2°. Que si le même objet vient à
faire sur l'organe des Sens un changement différent, la Sensation dans l'A-
me le sera aussi. Ainsi les mêmes caractères d'un Livre vûs sans Lunettes ou
avec des Lunettes paroîtront différens,
le même objet vû à différentes distances
tracera dans l'œil une image différente.

On voit même dans l'Optique que
de deux objets de même grandeur placés à la même distance, l'un nous paroîtra plus grand, s'il est directement
op-

oppofé à l'œil, & l'autre plus petit, s'il ne l'eft qu'indirectement.

3°. S'il arrive que des objets diffé- §. 89. rents produifent le même changement dans le même organe, ces objets pa- roîtront les mêmes, comme le même objet paroîtra différent, s'il fait des im- preffions différentes fur le même organe.

Enfin, & c'eft par où M. W. finit cet article, on ne fauroit concevoir un §. 90. changement poffible dans quelqu'un des organes, qu'il n'y ait en même tems une Senfation & une idée ou image particuliére qui réponde à ce changement.

Et en effet pour reprendre en quel- que maniére tous ces différents articles, fi l'on fuppofe ce que nous avons éta- bli d'abord, que les perceptions dé- pendent des changemens que l'objet fenfible fait fur l'organe des Sens, il s'enfuit, ainfi que nous venons de le dire, que toutes les fois que le chan- gement fera le même, quand il fe- roit produit par différents objets, la Senfation fera la même, comme tou- tes les fois qu'il fera différent, quand il feroit produit par le même objet, la Senfation fera auffi différente, enfin

D 5   que

que chaque changement aura une Senfation coëxiftante qui lui répondra.

Or les Senfations font des perceptions, & par conféquent une action
de l'Ame, par laquelle elle fe repréfente un objet, & nous avons déja dit
que cette repréfentation confidérée du
côté de l'objet, & entant qu'elle le
peint s'appelle idée, il eft donc vrai de
dire que chaque changement qui fe fait
dans l'un de nos organes a une idée
particuliére coëxiftante qui lui répond.

Car comme il eft poffible, (que
l'on permette cette comparaifon) par
la ftructure d'un organe, celui de la
Vue, par exemple, qu'un tel objet y
faffe un tel changement, que l'image
de cet objet fe tracera dans l'œil toutes les fois que l'objet fera placé de maniére à y renvoyer des rayons de lumiére, ne peut-il pas auffi être poffible par l'effence de l'Ame, qu'il s'y
faffe telle Senfation, qui lui repréfentera un tel objet de telle maniére? Et
ne fommes-nous pas tentés de croire
que la chofe eft en effet ainfi? puifque
toutes les fois qu'il arrive un changement à quelqu'un des organes, il fe
fait en même tems dans l'Ame une
Sen-

Senſation, & la même & la ſeule, qui peut répondre à ce changement.

Telle eſt la doctrine de M. W. ſur les Senſations, Doctrine importante, dit-il, pour la Morale, & d'où dépend principalement la conduite de nos actions; les objets ſenſibles & matériels font des impreſſions ſur nos organes, les organes les font paſſer à l'Ame, de là ces Senſations ou perceptions font partie de nos penſées, & nos penſées font la règle de notre vie. Telle eſt, dis-je, la chaîne, que les Cenſeurs de M. W. ont regardée comme fatale à la Liberté, enſorte que l'on pourroit preſque, ſi on les croit, dire de l'Ame, comme M. de la Fontaine,

> L'objet là frappe en un endroit,
> Ce lieu frappé s'en va tout droit
> Selon nous au voiſin en porter la nouvelle,
> Le Sens de proche en proche auſſi-tôt la
>   reçoit,
> L'impreſſion ſe fait, mais comment ſe
>   fait-elle?
> Selon eux par néceſſité.

Que ſi nos Sens induiſent quelquefois en erreur, en nous représentant comme semblables des objets qui font différents, & comme différent, un objet qui est le même; M. W. promet de nous découvrir un beau jour la source de ces malheureuses erreurs, pourquoi l'Ame peut y être sujette & quand il arrive qu'elle y tombe. C'est toujours beaucoup d'appercevoir, que l'on peut se tromper, & que l'on se trompe en effet.

Il est bon de remarquer que toute cette Doctrine, & principalement la grande Loi des Sensations que nous avons rapportée, sont fondées sur ce grand principe de M. Leibnitz, que l'on nomme le principe de la Raison suffisante, il m'auroit suffi aussi pour abreger, d'apporter en preuve ce principe, & j'aurois tout dit en disant, qu'on trouve dans les changemens, que les objets sensibles font sur nos organes la Raison suffisante qui nous fait comprendre, & nous sert à expliquer, pourquoi les Sensations sont, & sont telles qu'elles sont. Mais ce principe pouvant n'être pas connu, je me suis contenté de l'insinuer, & ai évité de me servir du nom de *Raison suffisante.*

Com-

Comme toutefois il est la base de toute la Science Germanique, qu'il distingue aujourd'hui d'une maniére particuliére M. W. & tous ses Disciples, dont il est comme le mot de ralliement ; & qu'il revient enfin continuellement sur la scène, je me détournerai un moment pour le faire appercevoir.

Voici ce principe mot pour mot;

Toute chose a sa Raison suffisante pourquoi elle est, & pourquoi elle est telle qu'elle est, & non autrement.

Principe de la Raison suffisante.

On voit dans le Principe même la raison de son nom.

Car ce qui fait connoître, disent-ils, pourquoi telle chose est, s'appelle *raison* de cette chose, & ce qui le fait connoître suffisamment, doit aussi par conséquent s'appeller *Raison suffisante.*

Reprenons maintenant ce Principe : *Toute chose a sa Raison suffisante, pourquoi elle est, & pourquoi,* &c.

Il est, ajoûtent-ils, un moyen de découvrir suffisamment, pourquoi telle chose *est possible ou impossible*, voilà qui embrasse toutes les choses, entre

D 7

les

les possibles pourquoi telle chose *est*, car il n'y a pas seulement une raison *du possible*, mais encore de l'*existant*, & enfin entre les choses qui *existent*, pourquoi telle chose qui existe a telles & telles qualités, car tout ce qui existe a des qualités combinées avec son existence.

Il est donc vrai de dire, que toute chose a sa Raison suffisante, non seulement pourquoi elle est, mais encore pourquoi elle est telle qu'elle est, ou ce qui revient au même, pourquoi elle a telles ou telles qualités, & pourquoi elle n'en a pas d'autres.

On comprendra facilement, qu'une chose n'est impossible, que parce qu'elle implique, comme on dit, contradiction, & se détruiroit par conséquent elle-même; qu'une autre n'est possible, que parce qu'elle n'a rien de semblable en elle, c'est-à-dire, qu'elle n'a rien dans ses attributs, qui implique cette contradiction. Il y a donc un moyen d'expliquer, une raison suffisante pour faire entendre, pourquoi une chose est possible, ou impossible; de même entre les choses qui existent, on sait qu'il n'en est aucune qui n'ait sa cause, ou

ce

ce qui est la même chose, que tout
effet suppose un Principe, une cause
qui le produit & doit le produire tel,
ou avec telles qualités ; donc toute
chose qui existe avec telles & telles
qualités, a une *raison suffisante pourquoi
elle existe, & existe avec ces qualités,*
donc il est vrai de dire que *toute chose
a sa raison suffisante pourquoi elle est,
& non autrement.* Voilà tout le mystère.

Que si j'ai laissé à ce Principe l'appareil un peu bizarre, que lui donne
la Philosophie, je l'avouerai naturellement, j'ai craint de ne pouvoir réussir
à lui en donner un autre, ou après
d'inutiles efforts, de ne lui en donner
qu'un qui le rendît méconnoissable ;
on le trouvera d'ailleurs mis en François avec tous les ornemens dont il
est susceptible, dans le Livre de Madame la Marquise du Chastelet.

J'ajouterai seulement que cette Raison suffisante, qui en impose d'abord,
revient à quelques égards à ce que
nous nommons *Systême,* ou simplement
Principe ; ainsi tandis que nous disons
que l'action de l'air sur les Corps est
un Principe général, qui sert à expliquer

quer toutes les expériences qui se font dans la Machine Pneumatique, qu'au moyen du Système de la Matière subtile de M. Descartes, on explique une partie des Phénomènes de la Nature, les autres se serviront dans l'un & l'autre cas du nom de *Raison suffisante* ; peut-être pourroit-on dire que le mot de *Système*, est un mot plus universel, qui signifie ou indique un Principe général, lequel sert à expliquer plusieurs faits particuliers, & que celui de Raison suffisante, convient & peut être appliqué en particulier, dans ce sens, que rien n'existe ou ne se fait *sans une raison suffisante*.

CHAPITRE VI.

De l'Imagination.

TOUT ce que nous avons vu jusqu'à présent, prouve assez que notre Ame a la faculté de percevoir, ou de se représenter les objets qui agissent sur nos Sens : mais ce n'est n'eſt pas tout ; nous éprouvons que non ſeulement elle ſe retrace l'image des objets qui agiſſent ſur l'Organe de ſes Sens, mais qu'elle peut encore, lors même que ces objets ont ceſſé d'y a- gir, ſe rappeller l'image qu'ils y a- voient faite, & donner à ſon gré une nouvelle vie à cette image.

Définition de l'Imagination.

Cette dernière faculté de l'Ame ſe nomme Imagination, & comme nous ne ſaurions douter, après toutes les épreu- ves que nous en faiſons à chaque in- ſtant, que l'Ame n'ait en effet cette fa- culté, on ne ſauroit auſſi douter qu'elle n'ait, dit M. W. ou que nous n'ayions une Imagination; & comment pourrions- nous en douter?

§. 52.

Inſtrument de nos biens ou de nos maux, c'eſt elle qui en nous les retra- çant également, leur communique une durée, qu'ils n'auroient pas par eux- mêmes, & nous en rend encore, après qu'ils ſont évanouïs; ou le charme ou l'a- mertume toujours ſenſibles: unie à nous par des liens plus étroits encore que ce Génie que les Anciens feignoient naî- tre & mourir avec nous, elle partage non ſeulement comme lui notre deſti- née, mais le plus ſouvent elle la fait:
Com-

Compagne inséparable, elle est avec
nous dans nos maisons & dans celles des
autres, elle nous suit dans le voyage,
& ne nous quitte point dans la solitude;
par-tout prête à nous servir, comme à
nous nuire, sans toile & sans couleur
elle nous peint malgré leur absence les
objets qui nous sont chers, comme ceux
qui nous sont odieux ou indifférents,
infidèle le plus souvent dans le portrait
qu'elle nous fait des uns & des autres elle emprunte presque toujours
de la passion, les traits par lesquels
elle les retrace: Tantôt importune, elle
nous remet continuellement les mêmes devant les yeux; tantôt inconstan-
te, elle voltige des uns aux autres; tantôt extravagante & folle, elle les enchaîne sans choix, & tantôt sage & réglée,
elle ne les assortit qu'après en avoir découvert les rapports; légère elle n'est
point arrêtée par l'intervalle des lieux,
qu'elle parcourt dans un instant, & où
par une innocente magie elle nous transporte avec elle; infatigable, à peine
connoit-elle la différence des veilles &
du sommeil; assemblage monstrueux enfin, elle réunit en elles les qualités les plus contraires, & les caractères

res les plus opposés, & tenter de la peindre, ce seroit vouloir représenter un même homme qui changeroit à chaque instant de forme & de figure, ou vouloir tracer dans un même tableau l'Histoire en même tems de tous les hommes.

M. W. donne à l'idée que produit l'Imagination le nom Latin, ou si l'on aime mieux Grec, *Phantasma*, d'où nous sont venus sans doute ces monstres que l'on nomme Phantômes, enfans d'une Imagination échauffée, & qui n'ont rien de réel, que l'exercice qu'ils nous donnent. Quoi, que nous nous fassions bien quelques-uns de ces monstres, & que les Philosophes bien loin d'en être exempts, s'en fassent peut-être plus souvent que les autres, nous ne nous servirons cependant point de ce mot, à cause du double sens qu'il présente, & en parlant des idées de l'Imagination, nous employerons plus communément celui d'image & de portrait. Aussi-bien faut-il convenir, que l'Imagination est le plus vif, comme le plus habile de tous les Peintres.

§. 94.

Pour bien entendre ce que nous avons

avons à dire de l'Imagination, il est bon de se rappeller tout ce que nous avons déja dit des idées, & des Sensations, & des différents degrés de perfection & de force des unes & des autres : Ce sont tous ces degrés différemment combinés qui vont devenir, pour ainsi dire, la règle de notre Imagination.

Idées & Sensations, ressorts de l'Imagination. On diroit presque que les Idées & les Sensations sont deux différens ressorts, qui font monter ou descendre l'Imagination, ou si l'on veut, des Ouvrieres rivales de caractère tout à fait opposé, qui semblent l'avoir prise pour le parc de leurs exercices; les unes toujours vives, actives, sans jamais se rebuter de la continuité & le plus souvent de l'inutilité de leur travail, ne font qu'occupées à y tracer des esquisses de portraits & de tableaux de toute espèce; les autres fantasques, jalouses se plaisent tantôt à détruire cet Ouvrage, tantôt à en obscurcir les traits, rarement elles le laissent subsister tel qu'il est.

Cette espèce de désordre sembleroit n'être d'abord que l'effet du caprice, mais si l'on connoît bien le caractère

des

des idées & des Sensations qui le produisent, les forces qu'elles ont à s'op-
poser, ce que chacune d'elles peut
faire avec ces mêmes forces, il ne sera
pas dificile de sortir de cet embarras,
d'en appercevoir les causes, & de démêler quelle en sera l'issue. Les premiéres, c'est-à-dire, les idées, suivant
le degré qu'elles auront de perfection,
en communiqueront aussi aux portraits
de l'Imagination : ainsi les idées distinctes étant plus parfaites que les idées
claires leur en donneront davantage,
que celles-ci; les derniéres, c'est-à-dire les sensations, ou effaceront ou affoibliront à leur tour ces portraits suivant le degré de force qu'elles auront.
Ainsi les sensations fortes y mettront
une couche de nouvelles couleurs, qui
ne laissera rien appercevoir du premier
dessein, tandis que les autres ne feront
qu'y jetter quelques traits de leur façon,
qui en gâteront toute l'ordonnance.

Mais il vaut mieux écouter notre mai-
tre en imagination ; car il faut avouer
qu'il est le premier qui ait osé renfermer dans les bornes d'un Systême, une
faculté qui sembloit n'en connoître au-
cunes.

Com-

Commençons par les choses que nous nous représentons avec plus de facilité & de clarté dans l'Imagination.

Il est certain que nous nous représentons plus facilement & plus clairement dans l'Imagination tout ce que nous percevons distinctement par les Sens, que ce que nous ne percevons que confusément.

Pour nous en convaincre, je suppose avec M. W. que nous voulons nous représenter l'image du Soleil, & dans cette supposition je demande,

1°. Si nous ne nous représentons pas d'abord sa figure & sa grandeur, si nous ne nous les représentons pas facilement & clairement. 2°. Si nous parvenons de même à nous représenter sa lumière : Or je demande quelle peut être la raison de cette différence, si ce n'est celle que nous venons de dire ; savoir, que pouvant comparer le diamètre du Soleil au diamètre de quelque objet sensible, l'aire de son disque à l'aire de quelque autre surface, nous percevons distinctement ces deux qualités, la figure & la grandeur, au lieu que ne distinguant rien dans la lumière que nous puissions concevoir separément,

ment, nous ne la percevons que confusément, & nous sentons par une
conséquence nécessaire, que quelque
effort que nous fassions pour nous la
peindre, nous ne saurions donner à l'i-
mage que nous nous en faisons, une
clarté qui réponde à celle de la perception que nous en avons eue par les
Sens.

Il est donc évident que nous nous représentons plus clairement & plus facilement les objets dont nous avons u-
ne idée distincte, que ceux dont nous
n'en avons qu'une confuse.

Il est certain encore que nous nous
représentons moins clairement tout ce
que nous nous représentons par l'Imagination, que ce qui nous est représen-
té par les Sens, & que les images de
celle-là n'atteignent point à la clarté
des idées de ceux-ci.

J'appelle idée des Sens, celle qui est §. 95.
produite dans l'Ame par la Sensation, Idées
ou qui est dans l'Ame, parce ce qu'il des Sens.
est survenu tel changement à l'organe
des Sens. Ainsi l'idée que j'ai du Soleil,
lorsque je le regarde, & qui n'est en
moi, que parce que ses rayons produisent un changement dans l'organe de
ma

ma Vûe, l'idée que j'ai du son de la
Trompette, lorsque je l'entends sonner, & qui n'exilte de même en moi,
que parce que ce son caule un changement dans mon organe de l'Ouïe,
font des Idées des Sens. La suite nous
montrera l'utilité de cette diftinction,
lorsque nous oppoferons d'une maniére encore plus particuliére les i-
dées des Sens à celles de l'Imagination.

§. 96.
Différen-
ce des
idées de
l'Imagi-
nation &
des Sens.

Je viens déja de dire que les premiè-
res l'emportent en clarté sur les secon-
des ; & en effet, si nous nous rappellons
les principes déja établis, il eft évident, que quoi que nous ne percevions un objet par les Sens que confufément, cette confufion n'empêche
point la clarté, puisque, comme nous
l'avons dit, une idée bien que confufe, peut être claire, ainfi que nous le
voyons par l'exemple de la lumiére,
& des couleurs, au lieu que comme
nous ne nous repréfentons plus clairement dans l'Imagination, ainfi que
nous venons de le dire, que les objets
dont nous avons une idée diftincte,
cette qualité venant à manquer, il
doit arriver que l'dée de l'Imagination
n'aura

n'aura pas à l'égard du même objet
la clarté de celle des Sens, & que tandis que celle-ci nous repréfentera clairement dans ceux des objets qui tom-
bent fous le Sens de la Vue, des endroits que nous ne percevons cependant que confufément, comme font
les couleurs qui les diftinguent, l'idée
de l'Imagination ne pourra atteindre à
cette clarté, parce que comme nous
ne faififfons dans ces couleurs rien de
ce qui les diftingue, & que nous ne les
percevons par conféquent que confufément, l'Imagination ne fauroit les repréfenter clairement ; auffi fentons-
nous que les idées qu'elle retrace en
nous du Soleil ou des couleurs n'ont jamais une clarté égale à celle qu'y
produifent les Sens.

C'eft ce degré différent de clarté qui
fe trouve entre les idées de l'Imagina- §. 97.
tion & des Sens, qui nous fert à diftin- Comment on
guer les unes des autres, comme nous les diftin-
fentons affez par expérience, que nous gue.
les diftinguóns en effet, fans que nous
foyions en risque de les confondre: car
quel eft l'homme qui, lorsqu'il veille,
ne demêlera pas ce qui n'eft que dans
E   l'Ima-

l'Imagination, d'avec ce qu'il perçoit par les Sens.

Au reste la comparaison de ces deux sortes d'idées n'est ni si isolée, ni si inutile, qu'elle pourroit paroître d'abord; elle tient aux principes établis sur les Sensations, & peut nous faire connoître quel est précisément le degré de clarté qu'ont les idées de l'Imagination, & par-là, quel est précisément le degré de force qu'elle a elle-même : car ne peut-on pas raisonner ainsi ? Les idées de l'Imagination & celles qui produisent les Sensations foibles font les mêmes quant à la clarté, ces deux sortes d'idées convenant en ce qu'elles n'en ont qu'un moindre degré, & la seule différence qui est entre elles n'étant que du côté du principe, en tant que les unes font produites par les Sens, & les autres par l'Imagination. Or des effets qui font les mêmes supposent la même force dans la cause qui les produit : donc les Sensations foibles font l'équilibre à l'Imagination, & l'Imagination aux Sensations foibles, donc les règles de celles-ci peuvent convenir & être appliquées à celle-là.

Les Sensations foibles font en équilibre avec les idées de l'Imagination.

Or

Or nous sommes convaincus par l'expérience, que les Sensations foibles n'ont pas un plus grand, & ont quelquefois même un moindre degré de clarté, que les images de l'Imagination; car lorsque nous appercevons un objet aux approches de la nuit, ou que nous le voyons pendant le jour à une certaine distance, si cet objet nous est déja connu, nous éprouvons que notre Imagination nous le représente plus clairement encore que cette Sensation foible.

Cela posé, il s'ensuivra que

Comme des Sensations plus fortes éteignent celles qui sont plus foibles, ces mêmes Sensations fortes affoibliront aussi tellement les idées de l'Imagination, que quoique ces idées soient & demeurent en nous, elles paroîtront tellement effacées, que nous n'en appercevrons pas même les traces. J'ai dit, quoiqu'elles soient & demeurent en nous, car l'on verra dans la suite, que nous en avons en reserve une infinité que nous n'appercevons pas, & qui ne nous viennent visibles & sensibles, que lorsqu'elles sont mises en mouvement de la maniére que nous l'expliquerons.

§. 99.
Effet des Sens sur les idées de l'Imagination.

E 2 2°. Que

§. 100.   2°. Que comme les Senſations foï-
bles acquiérent plus de clarté, lorſqu'elles ne ſont point éclipſées par des
Senſations fortes ; que la Lune, par
exemple, brille à nos yeux d'un plus
grand éclat pendant la nuit, que pendant le jour, où ce viſage d'un blanc
vif que notre Imagination lui compo-
ſoit le ſoir, ſe trouve changé dans un
rocher, ou dans un nuage un peu plus
argenté que les autres, de même les i-
dées de notre Imagination ſeules &
affranchies de ces Senſations fortes, auront plus de clarté que dans ces momens où elles en étoient combattues.

§. 101.   Elles en auront, même juſqu'à nous
Le tems
où les
idées de
l'Imagi-
nation
ont plus
de clarté.
cauſer de l'embarras & une certaine erreur, comme nous l'éprouvons ſouvent dans le ſommeil, tems où toutes
les Senſations étant ſuſpendues, il ne
reſte dans l'Ame, que les idées de l'I-
magination : Combien de fois nous eſt-
il arrivé, que trompés par l'éclat de
ces idées, nous les avons confondues
avec celles des Sens, en nous deman-
dant à nous-mêmes, ſi nous ne veïl-
lions pas en effet, tant le Menſonge
ſe montroit à nous avec toutes les couleurs de la Vérité.

Cette

Cette erreur ne vient, que de ce que l'Imagination entiérement dégagée dans ces momens du tourbillon des autres Senfations, & devenue feule Souveraine de fon petit Empire nous repréfente en effet les objets avec la plus grande clarté; & comme la Lune de nos fonges, elle femble moins leur donner de la réalité, que faire appercevoir celle qu'ils ont d'eux-mêmes.

Nous pouvons nous convaincre encore de la vérité de ces principes, §. 102. par ce qui nous arrive pendant le jour, & lors même que nous veillons: car pourquoi fermons-nous les yeux, en les couvrant de notre main, lorfque nous voulons nous repréfenter plus clairement un objet abfent, fi ce n'eft parce que nous fentons bien, que nous émouffons en effet par-là les Senfations vives, que nous en fufpendons l'action, & donnons ainfi plus de liberté à celle de l'Imagination. Pourquoi croyons-nous de même que nous donnons une attention plus férieufe & plus douce aux chofes qui font l'objet de notre application, qu de notre converfation le foir, que

E 3   pen-

pendant le jour, si ce n'est parce que
nous nous sentons alors moins souvent enlevés à nous-mêmes par les
Sensations vives, & je ne sais quel
tumulte qui accompagne le jour?

— M. W. s'arrête ici, & ne pousse
pas plus loin sa comparaison de l'I-
magination & des Sensations; il m'est
pourtant venu dans l'idée que comme on a vû sa différente situation soit dans ces momens, où elle
est attaquée par des Sensations vives,
soit dans ceux où elle en est affran-
chie, on seroit peut-être curieux d'apprendre de même, la suite de sa destinée, dans ceux où elle n'en éprouve que de foibles; j'avouerai du moins
que c'est une curiosité dont je n'ai pu
me défendre : peut-être en voulant
approfondir ces mystères de l'Imagination, ai-je été sa dupe, car elle est sujette à caution, & comme elle nous trompe
pendant la nuit, elle pourroit bien nous
égarer pendant le jour : on en jugera.

Nous avons vû que l'Imagination &
la Sensation foible ont un même degré de force, & que l'une est équilibre
de l'autre : D'où il doit s'ensuivre, que
l'Imagination ne sauroit l'emporter sur la
Sen-

Senfation foible, ni la Senfation foible
fur l'Imagination ; car fi nous appliquons ici les règles du mouvement pour
les Corps, comme M. W. nous dit,
qu'il faut établir en effet des loix pour
l'Ame, ainfi qu'il en eft d'établies
pour les Corps ; de même que deux
Corps dont la maffe eft égale, pouf-
fé l'un contre l'autre avec un égal degré de viteffe, perdront tous les deux
dans le choc leur mouvement & demeu-
reront dans le repos, ainfi l'Imagination & la Senfation foible toutes deux
de même force, venant à agir & pour
ainfi dire, à fe choquer dans le même
tems, devront demeurer toutes deux
fans effet, & laiffer dans cet inftant l'A-
me fans aucune idée ; voilà un des embarras qui m'a tourmenté ; & auquel
je ne trouve point d'iffue, à moins qu'on
ne veuille dire que c'eft là un de ces
momens, dans lesquels il nous paroît
que l'Ame ne penfe point en effet, mais
parce qu'il eft rare & difficile que deux
rivales fi fouvent aux prifes confervent
pendant long-tems le même degré de
force, & qu'il faut prefque néceffairement que l'une ou l'autre perde les
fiennes, ou en acquiere de nouvelles,

E 4   d'au-

d'autant que ce qui eſt à la perte de l'u-
ne tourne au profit de l'autre, il doit
arriver que la ſuperiorité paſſant rapi-
dement d'un parti à l'autre ſans s'y fi-
xer, l'Ame partagée par tous les caprices de ces deux Maîtreſſes preſque
en même tems victorieuſes & vaincues,
éprouvera mille alternatives : Voilà le
ſecond embarras, que je ne ſaurois debrouiller, qu'en diſant, que, comme
ce choc à forces égales fait cet état
d'inaction de l'Ame dont nous venons
de parler, ainſi cet autre choc à forces inégales, avec des variations auſſi
rapides que continuelles, fera l'état de
perplexité, que l'Ame éprouve quelquefois, lorſqu'incertaine & flottante,
elle voit ſes idées ſe combattre & ſe détruire, les mêmes périr & renaître tour
à tour, qu'elle les voit preſque dans le
même inſtant ſe métamorphoſer du
blanc au noir, & traîner tout enſemble à leur ſuite la triſteſſe & la joie,
l'eſpérance & la crainte, cortège bigarré, Satellites inſéparables, qu'elles
emportent toujours dans leurs différents
Tourbillons.

Peut-être dira-t-on que je viens
moi-même d'en eſſuyer un fort étrange,

ge, & qui m'a emporté au delà des juftes bornes; j'en conviens, & je confens volontiers que l'on ne regarde tout ce que je viens de dire de cet état d'inaction & de perplexité de l'Ame, que pour ce qu'il eft, c'eft-à-dire un jeu de cette même Imagination, qui nous trompe fi fouvent.

Je reviens donc à l'Oracle, & je reprens les fentiers qu'il nous a tracés.

Nous nous repréfentons plus facilement foit les objets qui frappent la vue, foit les paroles diftinctes qui nous frappent l'Ouïe. Les premiers étant toujours diftingués en effet par leur figure, leur Grandeur, leur fituation, leur mouvement ; & les feconds par le nombre au moins de leurs fyllabes, car il faut s'acrocher à tout, au lieu que les fons inarticulés, & toutes les qualités qui affectent l'odorat & le goût ne nous préfentent aucun de ces caractères diftincts, qui nous aident à nous retracer un objet.

§. 103.
Quels
font les
objets,
que nous
nous re-
préfen-
tons plus
claire-
ment.

Entre les objets fenfibles qui nous offrent ces caractères diftincts, & que nous nous repréfentons par conféquent plus clairement, comme nous l'avons dit,

quels

quels font ceux que nous nous repréfentons en effet le plus communément dans
l'Imagination? Voici quelques principes
là-deffus.

§. 104.
Ceux
que nous
nous re-
préfen-
tons
commu-
nément.

Que nous ayons perçu deux ou trois
objets en même tems , & que nous les
ayons réunis dans la même idée , &
comme dans le même tableau , il fuffira que nos Sens ou notre Imagination
nous repréfentent un de ces objets ,
pour que notre Imagination nous les
rappelle tous.

C'eft-là une de ces chofes que nous
éprouvons tous les jours : nous voyons
à l'Eglife, car c'eft l'exemple que prend
M. W. comme du lieu fans doute où
nous faifons le plus d'attention à nos
diftractions, nous voyons, dis-je, une
perfonne qui nous eft inconnue, & dont
la figure nous frappe ; bien que cette
perfonne ne foit plus à l'Eglife, lorfque nous y retournerons, la place où
nous l'avons vue, nous la rappellera &
nous rappellera de-même , les autres
qui étoient près d'elle , ou à qui elle
aura parlé. Voilà ce que fait la feule
vue du lieu qui vient à frapper nos
Sens : l'Imagination n'en fera pas moins,
d'une autre façon, fi l'image de cette
per-

perfonne inconnue, vient à s'y retracer; elle fe rappellera le lieu où elle l'a vue & tout ce qui l'avoit frappée alors.

Nous avons encore un exemple plus fenfible de cette qualité de l'Imagination dans les avantures triftes ou plaifantes, dont il nous eft arrivé d'être les témoins, nous ne faurions voir le lieu de la fcène, ou il ne fauroit être rappellé à notre Imagination, qu'elle ne nous repréfente en même tems, toute la pièce & jufqu'à la figure & l'air de tous ceux qui en ont été les Acteurs.

Il en eft des paroles comme des objets: nous avons été frappés d'un mot dit ou placé finguliérement, nous ne faurions l'entendre, ou nous le rappeller, que notre Imagination ne nous repréfente en même tems le lieu, où il a été dit, la perfonne qui l'a dit, & l'impreffion qu'il a faite fur nous.

Ce n'eft pas feulement fur les objets que lui ont préfenté les Sens que notre Imagination exerce fon art: riche de fon propre fonds, elle formera quelquefois une décoration, un fpectacle, un tableau, une maifon, & elle fuivra

E 6   alors

alors pour fon propre ouvrage les mê=
mes loix qu'elle fuit pour ceux qu'elle
fait d'après les Sens : ainfi qu'elle fe
foit fait , par exemple , l'idée d'un
grand & magnifique Jardin , qu'elle a
embelli de Parterres , d'Allées d'arbres, de Bosquets , de Terraffes, de
Baffins, de Jets d'eau , de Statues, car
on ne fauroit l'accufer comme la Nature d'être trop œconome , un feul de
ces objets qu'elle retrouvera ailleurs,
une Allée d'arbre , par exemple, qui
s'offrira à elle le long ou près d'un chemin, fuffira pour lui rappeller tout le
tableau de fa façon , & elle le créera
toujours à nouveaux frais.

C'eft que cette perfonne, & l'endroit
de l'Eglife où nous l'avons vue, font
peints dans la même idée, que le lieu
de cette fcène trifte ou plaifante,& ceux
qui en ont été les acteurs forment un
même tableau, que ce mot & ces circonftances font un petit tout enfemble , qui ne fe fepare point, ou pour
nous exprimer d'une autre maniére,
c'eft que , quoi que toutes les parties
de ce magnifique Jardin , ouvrage de
l'Imagination, foient en effet plufieurs
per-

perceptions, elles semblent pourtant n'en former qu'une totale.

Il est donc vrai de dire, que lorsque nous avons perçu plusieurs objets ensemble, il suffit que les Sens ou l'Imagination nous en représentent un, pour que l'Imagination nous les rappelle tous.

M. W. nous avertit que cette remarque est d'une grande utilité pour expliquer la suite & l'enchainement de nos perceptions, qu'elle est même d'une nécessité indispensable non seulement dans la Morale, mais encore dans la Logique & la Psychologie; qu'il y tomba, car c'est l'expression dont il se sert, & qu'il semble n'avoir choisie, que pour nous faire entendre que c'est une de ces heureuses découvertes, auxquelles une bonne fortune a plus de part encore que toute l'industrie, qu'il y tomba, dis-je, étant encore jeune, & qu'il l'a prise depuis à l'exemple d'Euclide comme un principe, & comme un axiome.

Liberale & prodigue de ses peines, §. 105. comme l'est notre Imagination, l'on ne sera pas surpris qu'il ne faille souvent pour la mettre en dépense qu'un

E 7   seul

feul objet du même genre, de la même efpèce que ceux, qui dans une autre occafion avoient fait une impreffion affez vive fur nous.

Ainfi qu'un objet affez femblable à d'autres que nous avions perçus autrefois vienne à frapper l'un de nos Sens, notre Imagination nous retracera l'image de tous ces autres objets; que fi l'on fe trouve, par exemple, car il falloit bien en rapporter quelques-uns de ceux que fournit le pays, que l'on fe trouve à voir fur une table un affez grand nombre de verres; en voila affez pour mettre l'Imagination en humeur de peindre, elle fe retracera à cette vue non feulement un pareil étalage de verres, dont les Sens lui avoient donné le fpectacle à une foire, mais elle y joindra encore les pots & les brocs, & tout l'attirail de la Goinfrerie confondu avec ces verres, tout enfin jufqu'aux groupes ruftres ou grotesques de bûveurs fera compris dans fon tableau.

La raifon eft la même que nous avons déja dite; les objets d'un même genre & d'une même efpèce font femblables, & par conféquent ont quelques

ques eudroits qui font entiérement les mêmes. Ces-endroits les mêmes font aussi sur l'Imagination la même impression, qu'y fait ce même endroit de l'Eglise, où nous avions vû cette personne, & ce même endroit où nous avions été les témoins de cette scène triste ou plaisante.

§. 106.
L'Imagination est déterminée par la Sensation.

Quelque prodigue toutefois que l'Imagination soit de ses portraits, il est pourtant vrai de dire qu'elle ne se met en frais qu'autant qu'elle y est déterminée par quelque Sensation précédente. Car supposons pour un moment qu'il y eût, s'il étoit possible, dans l'Imagination une image, qui n'auroit été précedée d'aucune perception, d'aucune Sensation, il n'y auroit aucune raison qui déterminât cette image à représenter une chose plutôt qu'une autre, puisque si l'on ôte cette perception, ou cette Sensation, il seroit impossible d'assigner aucune autre cause, qui la détermine à être l'image de telle ou telle chose; or comme il repugne que quelque chose soit sans une raison suffisante, il faut donc en venir nécessairement à une Sen-

Senfation, qui précède & foit la caufe de cette image.

Aussi M. W. prétend-il qu'il feroit impoffible d'apporter l'exemple d'une feule idée de l'Imagination, qui n'ait pas été précedée d'une Senfation; que fi nous ne l'appercevons pas toujours, il ne faut s'en prendre qu'à la célérité de l'Imagination qui fe derobe à nos recherches par la continuité de fes images, & à la diffipation qui partage le plus fouvent notre efprit; M. W. avoue d'ailleurs qu'on ne parvient pas d'un plein faut à cette grande découverte, qu'il faut de l'exercice & de l'habitude pour y parvenir, & qu'outre cette habitude, il faut beaucoup d'adreffe pour démêler tout ce qui eft dans nos perceptions.

§. 107. L'Imagination nous retrace par préférence ceux des objets, qui lui ont été le plus fou-

Quelque facilité qu'elle ait de même à retracer un grand nombre d'objets, elle donnera toujours la préference à ceux qui lui ont été le plus fouvent, ou le plus longtems retracés.

Et en effet il ne peut guères être, qu'un même objet n'ait été repréfenté fucceffivément à l'Imagination avec une infinité d'autres d'une efpèce ou d'un gen-

genre différens; or il doit y avoir une raifon, pourquoi entre tous ces objets différents par l'efpèce, ou par le gen- re, elle fe rappellera plutôt l'un que l'autre, & il paroît, que puis que tous font fuppofés lui avoir été repréfentés fucceffivement, il ne fauroit y avoir d'autre raifon; que celle que nous venons de dire, favoir, qu'il faut, que cet objet qu'elle fe rappelle préférablement, lui ait été ou plus fouvent, ou plus longtems retracé.

L'expérience y eft conforme, car que vous ayez été fouvent dans une Eglife, lors que vous vous la rappellerez, l'Imagination vous retracera toujours par préference l'endroit que vous aviez devant les yeux à la place, où vous étiez; fi c'eft l'édifice extérieur que vous vous rappellez, elle vous retracera le côté que vous avez eu lieu de voir le plus fouvent, lorsque vous paffiez auprès : de la même maniére, que vous ayez vu dans un Jardin longtems & avec attention une Plante étrangère, que l'on vous aura dit être rare, que vous aurez vous-même trouvée finguliére, l'Imagination vous la retracera, toutes les fois que vous

ver-

verrez quelque Plante étrangère, ou
que vous en entendrez parler.

C'eſt qu'il en eſt en effet de notre I-
magination, comme de toutes les autres facultés de l'Ame, qui trouvent
toujours beaucoup plus de facilité aux
choſes qui leur ont été le plus ſouvent
répétées, ou le plus ſoigneuſement
inculquées.

De là cette façon de parler qui nous
eſt ordinaire, au cas que l'on nous
demande, ſi nous connoiſſons un lieu,
une perſonne dont on a quelque choſe
à nous conter; que nous avons été u-
ne infinité de fois dans ce même lieu,
que nous avons vécu avec cette perſonne, & qu'il nous ſemble que nous
les voyons encore ; de là cette grande
attention à conſiderer ceux dont nous
voudrions ne pas oublier l'image, nous
étudions la forme, les traits de leur
viſage, leur façon de ſe tenir, leurs
geſtes, leurs airs, tout ce qui fait enfin la reſſemblance ; & pourquoi cette
attention, ſi ce n'eſt que nous ſentons
en effet que notre Imagination nous
retracera plus facilement dans la ſuite,
un objet dont l'ébauche aura été faite
avec

avec plus d'étude, & le portrait imprimé avec plus de soin?

Aussi s'il est une méthode d'apprendre à l'Imagination à nous retracer facilement les objets, c'est celle que nous venons d'indiquer d'après la Nature, savoir, de percevoir souvent & avec soin les choses que nous voulons que notre Imagination nous retrace dans la suite, de l'accoutumer enfin par plusieurs épreuves, ou de la former d'abord avec plus d'application à nous les représenter.

§ 105.

Il s'offre ici deux espèces de Phénomènes entiérement opposés, qu'il faut tâcher d'expliquer. Notre Imagination tantôt constante & uniforme nous représente une file d'objets tous de la même espèce & de la même nature, tantôt vagabonde & changeante, elle voltige d'un objet à un autre tout différent. A ne voir que légérement & sans examen tous ces jeux, on seroit tenté de croire que rien n'est comparable à son inconstance & à sa legéreté, mais observons-la de près, & voyons si dans ce desordre apparent, elle n'est pas encore
assu-

Différentes maniéres dont les idées de l'imagination se succédent, & les raisons de cette différente succession.

jettie à quelques règles : la difficulté
fera de la faifir, elle nous échappe a-
vec la viteffe de l'éclair.

Après ce que nous avons vû du
pouvoir des Senfations fur notre Imagination, l'on n'aura-pas de peine à
croire, qu'une grande attention de
l'Ame à un objet préfent, & la perception vive qu'elle en a, peuvent o-
perer le premier de ces prodiges : on
comprendra plus difficilement qu'une
image de la façon de l'Imagination qui
vient à la traverfe offrir un autre objet puiffe produire le fecond.

Mais comme la caufe qui occafionne
ces variations de l'Imagination m'a paru difficile à faifir, il eft bon de revenir à quelque chofe de plus détaillé,
& de rapporter fur-tout quelques exemples, qui puiffent aider à developp-
per ce myftère.

Si nous en croyons M. W. notre
Imagination prend principalement la
loi de la perception qui frappe & qui
occupe le plus notre Ame. On diroit
prefque, que fouple aux impreffions,
qu'elle reçoit de cette perception, elle
n'eft occupée qu'à chercher & à enfan-
ter des images, qui lui foient confor-
mes.

mes. Voici comment il expofe fon Théorême.

Entre plufieurs chofes que nous percevons en même tems, s'il en eft une à laquelle notre efprit donne une plus grande attention, notre Imagination reproduit auffi-tôt l'image des autres chofes du même genre, ou de la même efpèce, qui avoient été perçues auparavant.

§. 109.

Pour nous le montrer par une preuve d'expérience, M. W. rapporte l'exemple d'un homme qui, confiderant une Eglife ; & venant à en examiner les fénétres, s'attache par je ne fai quelle bizarrerie, à remarquer ou qu'elles font fans vitres, ou que les vitres en font caffées : Cette circonftance qui dans ce moment l'occupe uniquement rappelle auffi-tôt à fon Imagination, tout ce qu'il a vû d'Eglifes où les vitres étoient dans le même état, tout ce qu'il a vû de Châteaux où la grêle, & de Cabarets où la petulance des Ivrognes les avoit fait fauter.

Il me femble que l'on en trouveroit encore un exemple plus fréquent, & auffi fenfible dans la malignité affez naturelle aux hommes ; que l'on apperçoiçoive en effet dans quelqu'un, que l'on voit pour la première fois un tic dans les mines, les geftes, la voix, ou le refte de la figure, on n'eft frappé que de cette circonftance, & l'Imagination dans cet inftant plus officieufe encore que de coutume, ne manquera pas de rappeller auffi-tôt à la file tous ceux qui feront marqués chez elle par des tics femblables, & de faire une hiftoire fuivie des tics.

La raifon en eft, que l'Ame femble n'avoir perçu dans tous ces objets, que ces feules circonftances, & avoir oublié ou négligé les autres.

§. 110. Tandis qu'elle ne donnera d'attention qu'à ces feules circonftances qui la frappent dans l'objet préfent, tous les portraits de l'Imagination feront de la même efpèce ; l'homme de M. W. ne verra que des vitres caffées, & le nôtre que des tics, parce que fi l'Ame n'eft attentive qu'à ce que ce premier portrait de l'Imagination a de commun avec l'objet de la perception, le fecond qui naîtra du premier doit avoir auffi la même reffemblance, & ainfi des autres ; c'eft toujours le même Aftre qui domine au moment

de

de leur naiſſance, & tous par conſéquent doivent avoir le même caractère, & ſe ſucceder, comme dit M.
W. dans le même genre ou dans
la même eſpèce, puiſque ce n'eſt
que la reſſemblance des individus,
& ce qu'ils ont de commun entre eux qui forme le genre ou l'eſpèce.

Mais ſi parmi cette ſucceſſion de
tableaux, l'Ame laiſſant la première
perception, s'attache à quelque autre
objet, que lui offrira l'un de ces tableaux ; que l'homme de M. W. en
conſiderant ſes fenêtres & ſes vitres,
& en ſe repréſentant les fenêtres d'u-
ne autre Egliſe qui ſont dans le même état, vienne tout à coup à ſau-
ter de ces ſecondes fenêtres que lui
retrace ſon Imagination, à la Chaire
qui eſt dans la même Egliſe ; l'Imagination fera alors une route bien
différente, & comme ſi elle avoit pris
à tâche de ſe dedommager de l'eſpèce de contrainte, où elle avoit été,
on la verra prendre le plus grand eſ-
ſor : elle fera une ſuite infinie de
portraits dont chacun aura bien à la
vérité quelque rapport & quelque liaiſon

fon avec celui qui l'a fait naître, mais
qui tous cependant s'éloigneront comme à l'envi du premier objet de la
perception ; ce même homme de M.
W. qui avoit fauté des fenêtres de l'E-
glife à la Chaire, paffera dans l'inftant
de la Chaire au Prédicateur, du Prédicateur au Jardin , où il s'eft promené
avec lui ; les arbres de ce Jardin l'em-
meneront au Bois, un cerf qu'il y a
vû debûcher, le tranfportera à la chaf-
fe, & il ne ceffera de courre, qu'il ne
l'ait vû aux abois ; il ne le perdra pas
même de vue alors, il l'efcortera juf-

§. 110. qu'à la Cuifine , d'où les plats d'étain
qu'il y rencontre malheureufement, le
feront retomber à la foire , ou au Ca-
baret ; voila fa deftinée.

Le nôtre en perdant de vue l'homme au tic qui l'occupoit s'acrochera
peut-être à quelque autre , en qui il
avoit remarqué un tic femblable, il fe
rappellera, qu'il l'a rencontré aux Tuil-
leries , il s'y promenera avec lui ; le
Caroffe d'un de fes amis, qu'il aura vû
de deffus la terraffe prendre le chemin
de Verfailles, l'y menera ; il y parcourera
les appartements, y verra les gens de
fa connoiffance ; & parce que peut-être
il

il lui eſt arrivé de revenir une fois à Paris, par un beau clair de Lune, il finira par y faire un voyage.

On voit aſſez que dans le premier cas, la grande attention de l'eſprit à ſon objet, doit ou peut du moins faire naître dans l'Imagination l'image d'un ſecond objet tout-à-fait ſemblable au premier, que cette attention étant toujours la même, la ſeconde image qui naît de la première, conſervera encore le même rapport, & ainſi des autres: mais que dans le ſecond cas, l'eſprit venant à tourner tout à coup ſon attention ſur un autre objet, qui n'a rien de commun avec la première perception, & qui n'étant pas préſent, ne le captive pas par conſéquent de la même manière, l'Imagination plus libre auſſi, & naturellement ennemie de la gêne, fera toute une autre marche ; les objets qu'elle repréſentera, ſeront, comme on le voit, d'une eſpèce toute différente, quoiqu'il ſoit vrai de dire qu'ils ſe tiendront toujours par quelque chaînon, car la Chaire mène au Prédicateur, le Prédicateur au Jardin, où l'on s'eſt entretenu avec lui, les arbres du Jardin à ceux d'une forêt &c.

Il

Il ne faut pas diffimuler un aveu que
fait ici M. W. c'eft que de ces deux
façons de proceder, que nous venons
de diftinguer dans l'Imagination, elle
fuit fi rarement la premiére, & lorfqu'il lui arrive de la fuivre, la détermination de la volonté y a tant de
part, que l'on ne fait prefque, s'il ne
faut pas la mettre fur le compte de
celle-ci; au-lieu que la feconde lui eft
fi naturelle, qu'elle n'en connoît guères d'autre, dès qu'elle eft à elle-même; ce qui montre en elle, pour dire ce qui en eft, un fond d'inclination à la diffipation & à une efpèce
de Libertinage.

Il eft cependant une confidération,
qui pourroit nous reconcilier avec l'I-
magination; c'eft que cette inclination
eft balancée par une autre qualité que
nous lui avons déja remarquée, & que
nous avons encore lieu de remarquer
ici; favoir, que dans fon inconftance
apparente, elle eft du moins conftante à fuivre la même façon d'aller:
nous l'avons vue jufques-ici, lorfqu'elle a été mife en mouvement par quelque Senfation, aller chercher dans
fon magafin, tout ce qu'il y avoit
d'i-

d'idées liées avec l'objet qui la frappoit; nous allons la voir faire le même jeu dans les repréfentations des chofes paffées, qui nous font rappellées à l'efprit.

Que nous venions en effet, dit M. W., à nous rappeller l'image de quelque endroit, notre Imagination nous retracera en même tems, tout ce qui nous y eft arrivé, ou tout ce que nous y avons vû arriver, & ces premiéres circonftances nous en rappelleront d'autres, qui y tiennent encore.

§. III. D'où viennent les idées des chofes paffées, & ce qui les fait naître.

Ainfi que quelqu'un qui de la Galerie des Plans a vu le Feu que la Ville de Paris donna au Mariage de Mad. Louïfe Elizabeth de France avec l'Infant Dom Philippe, vienne à fe rappeller feulement les croifées de cette Galerie, il fe rappellera en même tems le plus brillant de tous les Spectacles, la Riviére devenue comme un nouveau Ciel, par tous les feux qui paroiffoient ou fortir de fon fein, ou y être attachés, un Palais tel que les Poëtes feignirent être celui du Soleil, ou qu'on le feindroit être en effet, fi ce Dieu, pour parler leur langage, partageoit ce Globe immenfe de feux qui

F 2　l'en-

l'entoure, en un nombre infini de lu-
miéres, dont l'éclat temperé nous permettroit d'y porter la vue, près de là
& au deſſous un ſecond Palais qui par
la varieté de ſes décorations pouvoit paroître celui des Saiſons, ou comme ce
ſéjour heureux d'où certains Philoſo-
phes croyoient jadis que l'on entendoit
l'harmonie des Sphères céleſtes ; une
Flotte enfin que l'on imaginoit arriver
des Contrées de l'Aurore, à la vue
des diverſes richeſſes étalées ſur ſes
cordages & ſur ſes mâts, mille couleurs dont l'accord ou le contraſte
ſembloit formé par les mains de la
Déeſſe même.

C'eſt que toutes ces idées, toutes
ces images ſont enchaînées & ſe tiennent réciproquement, car comme nous
avons vu, §. 104, que la vue d'un
lieu nous rappelle l'image des perſonnes que nous y avons remarquées, que
l'idée des perſonnes nous rappelle celle du lieu, parce que toutes ces idées
ne ſont qu'un même tableau ; de la
même manière ici la ſeule image du
lieu rappellée à l'Imagination nous rappelle une foule d'objets que nous a-
vions perçu en même tems, objets
qui

qui réunis d'abord ensemble , se con-
servent aussi ensemble; parce que tous
ne sont faits que pour être partie d'u-
ne même décoration , qui les rassemble dans notre Imagination , comme le même lieu les rassembloit en
effet.

Et comme le souvenir du lieu nous
rappelle tout un grand spectacle , ainsi
chaque partie de ce spectacle nous rappelle le souvenir des autres , du lieu &
des personnes.

M. W. prétend qu'il importe ex-
trêmement de rapporter différens exemples qui aident à découvrir les
moindres différences , qui se trouvent
dans tous ces jeux de l'Imagination ; &
on voit bien qu'il est convaincu de cette
utilité. Voici ce qu'il ajoute.

Que nous venions à nous rappeller §. 112.
une action à laquelle nous ne nous
sommes determinés, qu'après de longues délibérations , l'Imagination ne
manquera pas de nous représenter en
même tems , & le lieu & le tems où
nous avons pris cette résolution, &
ceux avec qui nous l'avons prise.

Ainsi l'homme de M. W. , car il revient encore sur la scène , qui va à la

Foi-

Foire de Francfort, se repréfentera
fouvent dans tout le chemin, la chambre de fon ami, où il s'eft déterminé
enfin à prendre cette bonne réfolution ; & fe rappellera fidelement,
tout ce qu'ils ont dit enfemble fur le
projet, l'exécution, l'avantage & l'a-
grément de ce voyage.

Pour peu auffi que nous aions fait
attention fur ce qui fe paffe en nous,
il nous fera aifé de rémarquer que nous
reffemblons à cet homme de M. W.
S'agit-il d'une affaire qui nous a réuffi ?
nous nous rappellons avec joie le moment où nous en avons pris la réfolution, ceux qui étoient avec nous, lors
que nous la prîmes, les raifons que nous
leur rapportames, pour qu'ils fecon-
daffent notre fantaifie, & fi elle a été
malheureufe, nous ne manquons pas à
nous rappeller de même, mais avec
des fentimens bien différens, l'inftant
qui a fixé nos irréfolutions, ceux à
qui nous les avions confiées, les raifons qu'ils nous oppoferent peut-être,
celles qui pour notre perte l'emporte-
rent, & le charme funefte enfin qui
nous enleva alors à nous-mêmes.

C'eft que tout cela étoit encore peint
dans

dans le même tableau, & monté dans le même cadre. Ne diroit-on pas que notre Imagination ressemble à ces Antiquaires, qui ont toujours dans chaque genre bien des choses à nous montrer, à ces Marchands habiles qui ont toujours quelque pièce en reserve à nous étaler? C'est, nous disent-ils, que tout cela va ensemble, qu'il faut avoir la suite &c.

Il suffit en effet que l'on ait perçu ensemble souvent ou longtems plusieurs objets, pour que leurs perceptions ou leurs images s'unissent & se lient, puisqu'il est vrai, que par l'habitude de percevoir souvent ces objets, l'Ame acquiert la facilité de reproduire l'un à la vue de l'autre; comme nous pouvons nous en convaincre par l'expérience; prenons l'exemple des Allées de Versailles, ou d'un Cabinet de curieux, que nous connoissons, pour les avoir souvent vûs, n'éprouvons-nous pas, lorsque nous y rentrons, que la vue d'un objet nous en rappelle un autre, & que la perception du premier devient la raison de la perception du second?

Au reste cette raison n'est que pour

§. 113. Ce qui fait que nos idées se lient & s'enchainent ensemble.

§. 114. Le rap-

F 4

la

port des la perception ou l'Imagination, & M.
percep- W. n'oublie pas de nous le faire re-
tions est-
indépen- marquer : car le rapport des percep-
dant de tions est indépendant du rapport des
celui des choſes, & bien que deux objets ne
choſes. ſoient joints dans l'Imagination, que
parce qu'ils ont été ſouvent perçus
enſemble, il ne s'enſuit pas que ces
deux objets ſoient ou doivent être
liés en effet enſemble, l'homme que
vous avez vu dans une Egliſe, &
cette Egliſe ſont bien liés dans votre
Imagination, & dans la repréſentation
qu'elle en fait, mais ils ne dépendent
point en effet l'un de l'autre dans leur
exiſtence.

Regles 　　Après tous ces exemples qui éta-
de l'Ima- bliſſent aſſez les règles que ſuit l'Imagination, gination dans ſes tableaux, & nous
& ſes
Loix. montrent pourquoi à la vue, ou au
ſouvenir d'un tel objet elle reproduit
l'image d'un certain autre objet, plutôt que de tout autre; rien n'empêche d'établir comme principale loi
de l'Imagination, cette propoſition vi.

§. 117. 　　Lors qu'il nous eſt arrivé de percevoir enſemble quelques objets, la perception de l'un de ces objets ſuffit pour
déterminer l'Imagination & retracer la
perception des autres. 　　　　　　Cet-

Cette Loi est assez prouvée, par tout ce que nous en avons dit, sans qu'il soit nécessaire de l'établir encore par les mêmes, ou de nouvelles preuves.

L'Histoire de notre Imagination s'avance, & après avoir vû les ressorts, qui la font mouvoir, l'ordre qu'elle suit dans sa marche, lorsque nous veillons, il ne nous reste plus qu'à examiner les spectacles qu'elle nous donne, lorsque nous dormons, si elle suit aussi des règles dans ces spectacles, & quelles sont ces règles.

Mais comme M. W. ne marche point sans se faire précéder de définitions; voyons auparavant celle qu'il nous donne du sommeil; aussi bien convient-il que nous connoissions la nature d'un bien, que nous chérissons assez pour lui sacrifier avec joie une grande partie de notre vie, un bien dont la douceur nous fait oublier la perte de tous les autres, & dont la privation ne nous paroît le plus grand de tous les maux, que parce qu'elle en devient en effet la source.

Il nous arrive réguliérement d'éprouver que toutes les Sensations &

§. 118.
Cessa-
tion des

F 5   les

Senfa-
tions, &
des idées
de l'Ima-
gination
qu'elles
excitent.
les images de l'Imagination qu'elles excitent, ceffent, & fufpendent tellement
toute leur impreffion à notre égard,
que nous n'avons plus aucun fentiment
ni des unes, ni des autres.

La vérité de cette propofition, a
paru fi évidente à M. W., qu'il n'a
pas cru devoir s'arrêter à la prouver
par des raifonnemens, ou des exemples; après avoir appellé à l'expérience, qui doit fuffire pour nous en convaincre, il ajoute feulement, que s'il
ne s'eft fervi pour défigner le tems,
où arrive cette entiére ceffation des
Senfations, & des idées qui en naiffent,
que d'une expreffion vague & indéter-
minée, comme nous l'avons fait à fon
exemple, en nous contentant de dire,
que cela nous arrive réguliérement,
c'eft qu'il fuffit dans le moment préfent de favoir que cette ceffation peut
avoir lieu, & qu'on verra affez dans la
fuite, quand elle doit avoir lieu en
effet.

§. 119.
Ce
qu'on
nomme
Som-
meil.
Cet état, où tout ce qu'il y a de
Senfations claires vient à ceffer avec le
fentiment des objets préfens, eft ce
qu'on appelle *Sommeil*, & fi cette ceffation eft entiére, enforte qu'il ne
nous

nous reste absolument aucun sentiment de rien, on le nomme Sommeil profond.

Comme le moment de la cessation de ces Senfations claires fait le commencement de notre Sommeil, ainsi le retour de ces mêmes Senfations marque l'instant de notre reveil. Il faut toujours supposer, quoi que M. W. ne le dife pas, que le mouvement vital demeure le même, malgré cette cessation des Senfations claires, faute de quoi notre sommeil resembleroit par trop à la mort.

Nous venons de diftinguer deux états, l'un du Sommeil fimple, & l'autre du sommeil profond. Il nous arrive affez souvent dans le premier de ces états, de percevoir clairement des objets abfens, & de voir les perceptions que nous en avons fe succéder les unes aux autres, jusqu'au moment où nous nous éveillons, ou celui où nous tombons dans un sommeil plus profond: c'est encore un de ces faits qui n'a point befoin de preuves.

Que fi nous ne percevons pendant quelque intervalle de tems, que des objets abfens, fans avoir le sentiment d'au-

Ce qu'on appelle Reveil.

§. 120. Songes.

§. 121.

F 6

d'aucun objet préfent, c'eft ce que nous nommons *rêver*, & cet état de l'Ame où nous avons ces perceptions claires des chofes abfentes, *état de rêves*, ou *rêves*.

Il eft à remarquer que nous ne confiderons ici le rêve que du côté de l'Ame, entant qu'il en eft une modification, & non du côté de l'objet, ou comme la repréfentation de chofes, qui fe fuccedent les unes aux autres.

§. 122.
Ils font l'ouvrage de l'I-maginati-on.

Il n'eft pas douteux que nos rêves ne foient l'ouvrage de l'Imagination; elle feule a le privilège de percevoir & de fe repréfenter les objets abfens, & de réunir à ce titre fous fon empire, & les douces erreurs des Poëtes, auxquels il eft donné d'affifter aux danfes des Nymphes & des Graces, & les rêves des Dormeurs.

§. 123.
Ce qui les pro-duit.

Comme donc l'Imagination ne travaille, qu'autant qu'elle eft excitée, & déterminée par quelque fenfation, il doit s'enfuivre auffi, qu'il n'y a qu'une fenfation qui puiffe donner naiffance à nos Songes, lesquels fe continuent enfuite par une fucceffion d'images de la façon de l'Imagination.

Nous fuppofons ce que nous avons déja dit (§. 106.) que l'Imagination ne

ne produit aucune image, que déterminée par quelque Senfation qui la
met en jeu; la conféquence qui en refulte pour les songes, eſt donc évidente, car les images qui les compofent, appartiennent auſſi à l'Imagination.
Voyons toutefois ſi outre la preuve de
raiſon, que nous en avons, nous n'en
trouverions point encore dans notre
propre expérience.

Nous avons dit que notre Imagination n'a guères qu'une façon d'aller;
il ſuffit donc que nous puiſſions la découvrir une fois, pour être en droit
de juger, qu'il doit en être de même,
toutes les autres que nous ne la ſurpre-
nons pas: or il n'eſt guères poſſible,
que rêvant ſi ſouvent, nous n'ayions
eu occaſion de l'appercevoir quelquefois; ſur-tout ſi nous avons fait attention à la ſituation où nous nous ſommes trouvés en nous reveillant, comme lorſqu'il nous eſt arrivé de nous re-
veiller avec le ſentiment de la colique,
ou de la ſoif, & qu'en reprenant l'Hiſ-
toire de notre rêve, nous venons à
nous rappeller en effet que nous avions
commencé par rêver à l'un ou à l'autre.

Ce

Ce que nous avons dit à la suite de cette première proposition, que nos rêves se continuent par une succession d'images de la façon de l'Imagination, souffre moins de difficultés, puisque nous sommes assez convaincus, lorsque nous nous éveillons, que nous n'avons point perçu en effet par les Sens, aucun des objets qui ont composé notre songe, & que tous étoient véritablement absens.

La grande difficulté est donc d'appercevoir la première Sensation, qui fait naître nos songes. & en effet si nous ne pouvons que rarement, & avec peine, lors même que nous veillons, saisir notre Imagination, & remonter de chaînon en chaînon jusqu'à celui, qui le premier de tous a été mis en mouvement par quelque Sensation, le moyen de se rappeller à son reveil, une suite assez bizarre d'idées, que nos songes enchaînent, d'en distinguer la première, & d'appercevoir enfin la Sensation, qui lui a donné naissance? La chose cependant n'est pas, ainsi que nous venons de le dire, impossible, pourvû que par une recherche fine, nous puissions découvrir le debut de

notre

nôtre fonge, & le rapprocher de la fituation où s'eſt trouvé le Corps, &
des difpofitions qui pouvoient l'affec-
ter.

Ce principe qui fert à nous décou-   Raifon
vrir la cauſe de nos fonges en général de leur
peut fervir auffi à en expliquer la di- diverſité.
verfité. Car ſi tous nos fonges naiſ- §. 124.
fent de quelque Senſation, il doit par
conſéquent s'enfuivre, que ſi dans le
cours d'un rêve, que telle Senſation
aura fait naître, il n'en furvient point
à l'Ame une nouvelle, ou qu'il n'en
furvienne qu'une ſi foible, que l'Ame
n'en foit point affectée ; (ce qui re-
viendra au même). ce rêve aura &
gardera quelque apparence de fuite,
de cette fuite au moins, dont l'Imagination eſt capable ; la raiſon eſt celle
que nous avons déja vue, car comme
ce rêve ne tire ſa premiére origine que
de cette Senſation, à laquelle on fuppofe, qu'il n'en a point fuccedé d'autres, toutes les images de notre Imagination doivent avoir quelque liaiſon
entre elles, chacune naiſſant de celle
qui l'a precedée, comme la premiére
de toutes eſt née de la Senſation.

Par la même raiſon auffi, s'il arrive
que

que dans le cours d'un rêve, l'Ame
éprouve quelque nouvelle Senfation,
qui faffe impreffion fur elle, c'en eft
fait de ce rêve, & à fa place il en naîtra un d'une nouvelle efpèce, dont la
deftinée cedera encore au premier cahos, qui jettera l'Ame d'un autre côté : ainfi chaque Senfation fera fa petite famille, dont la durée ne furpaffe-
ra pas celle qui lui eft marquée à elle-
même, image naturelle d'une autre
forte de rêves, qu'il nous a plu de
nommer projets, & qui bien que venus au monde avec toutes les appare-
ces de vie, n'ont pas fouvent un meil-
leur Sort.

Voilà le flambeau qui peut fervir à
éclairer l'obfcurité de nos rêves : fur-
vient-il une Senfation ? L'Imagination comme aux aguêts reproduira u-
ne image, qui y ait quelque rapport ;
à celle-ci elle en ajuftera d'autres, qui
toutes s'engraineront par quelque endroit, & bâtira fans interruption tout
un édifice, dont elle feule connoîtra
les rapports & les liaifons. Vient-il u-
ne nouvelle Senfation ? L'Imagination infenfible à la perte de fon premier ouvrage, travaillera fur nouveaux
frais

frais à un second; s'il en naiſſoit mille, toujours infatigable, elle y fourni-
nira de même.

A la lumiére de ce flambeau, on a-
perçoit la cauſe de toutes ces rêve-
ries ſi ordinaires, & quelquefois continuelles dans la fièvre, dans ces é-
tats de mal-aiſé, ou de digeſtions len-
tes & pénibles, les différentes Senſations
dont l'Ame eſt aſſaillie dans ces différents états, donnent lieu à l'Imagination
de mettre en œuvre une partie de ce
qu'elle a d'idées, & la diverſité des
premiéres fait la bizarrerie des ſecondes.

A ce changement ſi rapide & ſi va-
rié d'images de toutes les couleurs, il
faut appliquer ce que nous venons de
dire de celles qui ont quelque ſuite,
& ce que nous avions dit auparavant
des images de l'Imagination; à chaque Senſation elle reproduit l'idée des
objets que nous avions autrefois perçus avec l'objet de cette Senſation, &
elle continue ſon ouvrage, juſqu'à ce
qu'il ſoit renverſé par une nouvelle vague, qui en détruiſant ce premier,
lui fournit l'idée d'un ſecond.

Ce principe a paru ſi eſſentiel à M.
W. qu'il l'appelle la principale Loi des
rê-

rêves, comme on appelle principale Loi des Sensations, le principe par lequel elles peuvent être expliquées.

§. 125. Différence du Songe simple, & du Songe composé.

De ces deux sortes de songes, que nous venons de remarquer, les premiers qui se suivent sans interruption, s'appellent songes simples, & les seconds dont la suite est souvent interrompue, songes composés.

M. W. qui n'a pas voulu sans doute que la postérité pût imaginer, qu'il rêvoit, ou faire passer ses rêves jusqu'à elle, n'a point voulu nous donner des exemples ni des uns, ni des autres : il s'est contenté de dire que nous pouvons appliquer ici les exemples que nous avons donnés des différents jeux de l'Imagination, lorsque nous veillons, & regarder ces jeux comme des songes, que l'Imagination, agissant toujours suivant les mêmes Loix, ce que nous avons dit des uns, peut & doit se dire des autres; que nous rêvons en effet, même en veillant, lorsque, sans faire attention aux Sensations, qui pourroient nous distraire, nous laissons à notre Imagination pleine liberté de coudre à sa fantaisie images à images, en faire une suite à sa façon, & nous mener peut-être d'un bât de mulet, qui s'offre à notre vue, au mulet qui le porte, du mulet à la campagne où il est en honneur, de la campagne à l'attaque du Mont Alban, du Mont Alban à l'Olympe, de l'Olympe a de nouveaux Géants, dont l'audace conduite par la sagesse devient aussi plus heureuse.

C'est ainsi, dit M. W. qu'il ne tient qu'à nous d'éprouver dans ce qui paroît être un songe ce qui doit arriver dans ce qui l'est en effet.

On demandera peut-être, ce qui peut faire, que nos rêves étant si fréquents, nous appercevons pourtant si rarement les Sensations qui les font naître, celles qui venant à la traverse en changent la détermination & le cours.

A cela M. W. répond que ce ne font le plus souvent que des Sensations foibles, & par-là même si difficiles à distinguer des images de l'Imagination, qu'on ne s'apperçoit presque pas même de l'impression de ces Sensations; c'est pourquoi bien que les images de l'Imagination puissent être aisément distinguées des idées des Sens, par le différent degré

La nature des Sensations qui les font naître. §. 126.

de

de clarté que nous avons dit §. 97.
leur convenir, elles ne sauroient l'ê-
tre ici que difficilement de ces Senfations fuppofées foibles, parce que les
Senfations de cette efpèce, & l'Imagination étant en équilibre, leurs
idées doivent avoir un degré de clarté qui foit entiérement le même.

C'eft auffi pour cette raifon que nous
avons dit §. 101. que toutes les Senfations étant fufpendues dans nos fonges,
il n'y a dans l'Ame alors, que les idées
de l'Imagination, parce que la foibleff-
fe de ces Senfations ne nous laiffe pas
les appercevoir en effet, & que leur
égalité de force avec l'Imagination,
fait que nous mettons le plus fouvent
les idées de l'une, à la place de celles
de l'autre, & que nous les confondons
toutes.

§. 127.
Pour-
quoi les
objets
nous pa-
roiffent
vérita
blement
préfens
dans nos
Songes.

C'eft cette duplicité d'action, qu'il
eft fi difficile de démêler, qui fait que
dans nos fonges les objets nous femblent véritablement préfens ; car comme nos fonges naiffent d'une Senfation,
& fe continuent par une fucceffion d'i-
mages de la façon de l'Imagination,
fuivies, s'il n'y a qu'une Senfation, ou
interrompues, s'il en furvient plufieurs,
que

que ces Senſations, ſi l'on en ſuppoſe
pluſieurs, ſont foibles, & n'ont par
conſéquent qu'un degré proportionné
de clarté, que leurs idées par la même raiſon ne ſauroient être aiſément
diſtinguées de celles de l'Imagination,
toutes propoſitions dont nous avons déja vû les preuves & connu la certitude,
l'Ame confond les idées de l'Imagination qui lui repréſentent les objets abſens, avec les idées de la Senſation
qui ne les lui repréſentent que préſens,
& ſe perſuade qu'ils ſont préſens en
effet.

Mais ſi cela eſt, dira-t-on, pourquoi
l'Ame qui éprouve ſi continuellement
les preſtiges de l'Imagination ne ſe por-
tera-t-elle pas plûtôt à croire que les
objets préſens qui ſont en petit nombre, ne le ſont pas plus, que tant
d'autres que lui offre l'Imagination,
qu'elle ne les perçoit point en effet, &
que ce n'eſt encore-là qu'un artifice
de cette même Imagination, qui la
trompe ſi ſouvent.

On répond à cela que bien que les
objets que retrace l'Imagination ne
nous ſoient point repréſentés, lorſque
nous veillons d'une autre maniére, que
ceux

ceux qui font préfens; il y a pourtant
une différence bien fenfible dans le degré de clarté, qui accompagne les uns
& les autres : que ce grand degré de
clarté, effet des Senfations fortes que
font fur nous les objets préfens, ne
nous permet pas de nous y tromper,
& de les regarder comme abfens, &
que nous fentons affez nous-mêmes cet
éclat des idées des Sens qui nous frappent à notre reveil, pour appercevoir
qu'elles diffèrent des autres, comme les
feux éclatans du Soleil diffèrent de la
lumière pâle de la Lune, mais qu'il
n'en eft pas ainfi dans le Sommeil, où
l'Imagination & les Senfations foibles,
toutes deux de même force, étant feules à faire tout le jeu de nos fonges,
peuvent aifément par leur reffemblance
autorifer l'erreur de l'Ame, & la déterminer à croire, fans autre examen,
que comme les objets que lui retrace
pendant le jour une Senfation foible
font préfens, ceux que lui rappelle pendant le fommeil l'Imagination affez femblable à cette Senfation foible, le font
auffi.

§. 128. On demande ici, fi tous ces jeux de
Si ces nos fonges, tous ces changemens qui
y

y furviennent, ont auffi leur raifon fuffifante : & à cela on répond oui, &
non : Oui, fi on les confidère du côté de l'Ame qui les produit, & qui ne
joint une image à une autre, que parce qu'elle les a vues réunies auparavant : à l'occafion d'un repas, d'une
vifite, qui fera le fujet de notre fonge,
l'Imagination nous rappellera l'image
d'une perfonne, qui fe fera trouvée à
ce repas, à cette vifite; & à l'occafion
de cette perfonne, elle nous en repréfentera une autre que nous avons
vue avec elle, ou qui lui reffemble,
de cette feconde perfonne elle faute-
ra à une circonftance, qui s'y trouve liée, & de cette circonftance à
une autre &c. il eft aifé de voir que l'A-
me ne lie toutes ces idées, que parce qu'elle les a vues liées dans d'autres occafions.

Pour pouvoir rendre compte de la
fuite d'un fonge, il faudroit pouvoir
connoître tout ce que nous avons d'i-
dées liées & combinées de cette maniére : nous ne faurions les connoître; mais l'imagination chez qui elles
font en referve les garde précieufe-
ment, & lorfqu'elle n'eft gênée par
rien

Songes ont auffi leur raifon fuffi-
fante.

rien, elle les unit à fa façon, fans s'embaraffer du tout enfemble : la premiére combinaifon qui s'offre, eft toujours la meilleure, elle l'adopte fans façon, & de celle-là, elle voltige à une feconde, une troifième &c. chacune fans fe tenir infiniment à cependant, comme nous l'avons dit, fa raifon fuffifante du côté de l'Ame qui avoit perçu dans différents tems tous ces objets ainfi combinés.

Mais on ne fauroît dire de même, ni que chaque idée en particulier, ni toutes enfemble ayent une raifon. fuffifante de la part de l'objet, & cela eft bien fenfible; car bien que nôtre Ame ait perçu deux objets en même tems, & que l'Imagination lui en repréfente toujours les idées enfemble, il ne s'enfuit pas pour cela que ces deux objets ne puiffent être féparés, que cette perfonne foit toujours à ce repas, à cette vifite, que cette autre perfonne dont nous avons parlé §. 114. dont l'idée nous revient avec celle de l'Eglife, demeure toujours collée à l'Eglife, & l'Eglife n'étant point une raifon, qui nous faffe connoître pourquoi cette perfonne exifte.

Quoi-

Quelques gens fins, qui n'apperce-
voient pas pourtant cette différence du
oui & du non, croyoient avoir trouvé
ici M. W. en contradiction avec lui-
même, mais on voit bien qu'il est encore plus fin qu'eux ; aussi leur dit-il
bien qu'ils se sont précipités, & qu'ils
ne font pas ce qu'ils s'imaginent.

Après ce que nous venons de dire,
il ne sera plus si difficile de comprendre, pourquoi un songe que l'on suppose commencer dans deux personnes
par une même sensation, prendra dans
l'une & dans l'autre des allures toutes
différentes ; car comme il n'est guères
possible que leurs Ames aient eu les
mêmes perceptions, & combinées de
la même manière, la même Sensation
excitera dans l'une une perception d'u-
ne façon, & dans l'autre elle en excitera d'une autre, & ces perceptions
déja différentes en naissant, formeront
chacune leur petite famille d'air & de
couleurs encore plus opposées.

Un exemple rendra la chose plus
sensible : deux hommes dorment d'un
sommeil assez profond, il ne l'est
pourtant pas tellement, qu'ils n'entendent le coup d'un canon qui vient d'ê-

§. 129.
Pour-
quoi
deux
Songes
excités
par la
même
Senfa-
tion se-
ront dif-
férents.

G   tre

tre tiré, & qu'ils ne distinguent bien,
que c'est en effet le bruit d'un canon.
Cette Sensation foible, qui est la même dans les deux, fera naître deux songes, dont l'histoire sera bien différente.
L'un de ces dormeurs, qui n'a jamais
entendu tirer que le canon de la Bas-
tille, lors que le Roi vient à Paris,
ou dans le tems de quelque réjouissan-
ce, rêvera qu'il court à l'endroit de
la Ville où il a déja vu tout cet appareil de grandeur & de majesté qui accompagne le Roi ; & cet autre plus
flatteur encore que lui, fait l'empressement & la tendresse de ses peuples ;
ou placé sur les Tours de Notre-Da-
me, d'où il a coutume de voir les
feux de la Ville, il jouïra du spectacle
brillant que lui donnent de tous les côtés ces palais de feux, ces Comètes
d'un instant, qui enfantent avec fracas
de nouveaux Astres ; l'une de ces i-
dées pourra bien sauter sur la tête d'un
de ces Colosses Suisses, qui entourent
le Carosse du Roi, & de là comme du
sommet d'une Montagne, Dieu sait
où elle s'élancera ; l'autre le menera
peut-être à l'incendie du palais, aux
papiers de la Chambre des Comptes ; &
à

à la Differtation de M. Morand fur ces parchemins recrocquevillés par le feu.

Il n'en fera pas ainfi de l'autre dormeur, qui fe fera trouvé à ce fameux Siège de Prague de 1742 & à ces forties vives & vigoureufes, qui le rendent un des plus mémorables de l'Hiftoire. Lorsque dans fon fommeil il entendra ce coup de canon, il croira fondre encore comme dans cette Journée du 22 Août fur Bonnemi; un ancien camarade qui étoit à fon côté dans cette action, & dont l'idée lui fera fouvent revenue avec celle de l'action, s'offrira dans ce moment à lui & parce qu'il l'a vû depuis ailleurs, le voila amené du champ de bataille avec cet ami, & tranfporté fur une nouvelle fcène.

Ces Songes fi différents feront pourtant la fuite d'une même Senfation.

Nous verrions que la même chofe §. 130. arrive lorfque nous veillons, s'il étoit poffible, que nous puffions appercevoir toutes les différentes images, que la même Senfation fait naître dans l'Imagination de plufieurs perfonnes; & la raifon eft celle, que nous venons de dire; car comme l'Imagination repro-

G 2   duit

duit toujours les images des objets, qui
ont été perçus enfemble, & qu'il est
rare, & même comme impoffible que
deux perfonnes fe trouvent avoir
réuni les idées des mêmes objets, également combinés, il doit arriver que
l'Imagination de l'un reproduira une
idée, & l'Imagination de l'autre une
autre à l'occafion de la même Senfation.

Les principes étant les mêmes, foit
que nous veillions, foit que nous dor-
mions, il est facile de comprendre
que les effets doivent être auffi les mêmes dans l'un & l'autre état de fommeil & de veilles.

§ 131.
Com-
ment ils
le de-
vien-
dront
dans la
même
perfon-
ne.
Il arrivera fouvent même, que la
même Senfation fera naître en différents tems dans la même perfonne une
différente fuite d'images; lorfque cette
perfonne aura contracté pendant quelque tems l'habitude de reproduire à la
vue du même objet une image différente, ou que dans le moment de la Senfation elle s'attachera à un objet différent.

Il fuffira de rendre la chofe fenfible
par l'exemple qu'apporte M. W. on
en trouvera affez la raifon dans tout
ce que nous avons dit jufques ici.

Vous avez coutume de vous placer
à

à l'Eglise, dans un lieu, d'où vous dé-
couvrez l'Autel; tandis que vous êtes
à cette place, la seule vûe de l'Eglise
vous rappellera l'image de l'Autel; mais
que vous veniez dans la suite a changer de place, & que vous preniez l'habitude de vous mettre dans un enfonce-
ment, d'où vous n'appercevrez qu'un
pan de muraille, & peut-être un tableau
qui le couvre, la vûe de la même Eglise,
ne vous rappellera plus après quelque
intervalle que cette muraille & ce tableau : voila donc une même Sensation,
qui en différents tems fera naître une
image ou idée différente.

Supposons maintenant que dans le premier exemple, où vous avez devant les
yeux l'Autel, vous vous attachiez aux
chandeliers qui le garnissent, votre Imagination peut-être, au-lieu de cette victi-
me sans prix offerte sur l'Autel, &
dont cet Autel vous auroit rappellé
l'idée dans une autre occasion, votre
Imagination, dis-je, vous retracera
de grands flambeaux d'argent, que
vous avez vous-même, ou que vous
avez vûs, chez quelqu'un; dans le
second, à l'occasion de ce tableau elle
vous en rappellera d'autres que vous

G 3   avez

avez vus dans une autre Eglise, ou dans une maison ; voila donc encore la même Sensation qui fera naître une suite d'idées différentes ; suivant que l'Ame s'attachera telle ou telle perception partielle.

Peut-être auroit-on pu omettre cet article, puisque nous avons déja vû que l'Imagination qui dépend, comme nous l'avons dit §. 108. beaucoup de l'habitude, en prend & en suit uniquement les Loix, & que l'on pourroit peut-être dire d'ailleurs que la véritable Sensation est celle que qu'excitent les chandeliers, ou le tableau.

§. 132. & 133. Différents Songes suivant le différent degré de foiblesse de la Sensation.

Autre prodige : la même Sensation foible donnera naissance à différents songes, suivant le différent degré de foiblesse qu'elle aura ; car comme on ne reconnoît les objets, que par la clarté de l'idée qui les représente, cette clarté venant à s'affoiblir, il sera plus difficile de les reconnoître & de les distinguer, & plus aisé par conséquent de les confondre. Comme donc une Sensation, quoique supposée la même, ne représente plus, à cause de ses différents degrés de foiblesse, le même objet, l'image de l'Imagination dépendante

dante en fa naiffance de ces différents
degrés fera différeute en effet, & fuivra tout leur fort.

C'eft le declin du jour, qui ne nous
laiffe pas appercevoir les objets tels
qu'ils nous paroiffoient auparavant, &
donne lieu à l'Imagination de les lier
à d'autres, avec lefquels elle leur trouve plus de rapport.

Que cette clarté vienne à s'affoiblir
infenfiblement, c'en eft fait de notre
Songe ; comme une lumiére prefque
éteinte ne laiffe plus appercevoir dans
les derniers inftants les objets, qu'elle nous découvroit auparavant ; ainfi
les images qui nous repréfentoient les
objets abfens , venant à s'obfcurcir,
ces objets fembleront s'éclipfer à nos
yeux, fe confondre & difparoître entiérement : car telle eft la deftinée de
nos fonges ; Aftres bizarres & brillants
feulement de quelque lumiére dans les
ténèbres incertaines d'un fommeil le-
ger, ils fon également éteints & par
les ombres épaiffes d'un Sommeil profond, & par la clarté vive qui accompagne les idées des Sens au reveil.

Ce retour des idées des Sens , eft

§. 134.
Ils font
éteints
par les
ténèbres
d'un
Sommeil
profond
& par la
clarté dn
reveil.

§.135.

G 4   la

la barriére qui sepáre les deux états des
songes, & du reveil; & en effet, des
images de la façon de l'Imagination
qui se succedent, une ou deux Sensations foibles en équilibre avec l'Imagination, & qui se confondent facilement par conséquent avec les images
de celle-ci; voila nos songes, & tout
ce qui en fait l'erreur & le jeu; au
moment de notre reveil ces idées que
nous avons nommées des Sens repren-
nent leur droit, & par cette clarté
que nous avons vû qui les distingue de
l'Imagination, dissipent le charme, &
ne nous permettent plus de confondre les objets absens avec les objets
présens, ni de prendre enfin, comme
dans les Songes, les uns pour les autres.

Bien que M. W. convienne qu'il
n'est pas besoin d'un plus grand appareil de démonstration dans une chose aussi évidente, & aussi facile à distinguer, que l'est l'état des songes, &
de celui de la veille, il ajoute cependant encore une autre différence, qu'il
dit en même tems ne pouvoir être apperçue que par les plus clairvoiants.

On distingue, dit-il, communément
cette

cette suite d'images qui forme les songes, de celle des autres images que
forme l'Imagination, lorsque nous
veillons, en ce que nous croyons dans
nos songes, que les choses qui en font
l'objet, sont présentes, lorsqu'elles ne
le sont pas, & qu'il nous arrive des
choses qui ne nous arrivent point en
effet ; mais que l'on fasse encore une attention, ajoute t-il, c'est que les images
que notre Imagination nous retrace
dans nos songes, ont de la suite, de
l'enchaînement, sans que nous y pensions, sans que nous y mettions rien
du nôtre ; au-lieu que, tandis que nous
veillons, elles sont si continuellement
interrompues par les idées des Sens,
que quand même nous y travaillerions
avec attention, elles ne pourroient
que difficilement garder l'ordre, qu'elles gardent d'elles mêmes pendant le
sommeil ; ces images, lorsque nous
veillons, passent & se succèdent avec
la rapidité de l'éclair dans un grand
orage.

Il ne nous reste plus qu'à expliquer §. 136.
la différence des rêves clairs & obscurs: Diffé-
nous savons, dit M. W., par expé- rence des
rience, ou du moins ceux qui rêvent Songes.

beau-

beaucoup le favent, qu'il eft des fituations, des momens, où l'on fent que
l'on rêve, fans pouvoir diftinguer, ou
appercevoir diftinctement ce que l'on
rêve, parce que les images de notre
Imagination n'ont pas affez de clarté
pour le faire remarquer; voila ce que
l'on nomme fonges obfcurs: comme
l'on nomme fonges ou rêves clairs,
ceux où nous ne connoiffons pas feulement que nous rêvons, mais encore ce
que nous *rêvons*.

§.137. Après ce long détail de tout ce qui
a rapport à l'Imagination, il nous fera plus aifé de nous en former une i-
dée. Reprenons en peu de mots ce
que nous en avons dit.

Rien ne pouvoit nous être plus avan-
tageux, que d'avoir en nous une faculté qui nous reproduisît l'image des
objets fenfibles abfens, voila fa nature:
de tous les objets qu'elle peut repréfenter, ceux qu'elle retrace plus facilement, ce font ceux dont nous avons
des idées diftinctes, & par conféquent
les objets vifibles, les paroles, voila
ce qu'on peut nommer fon objet.

Il nous auroit été peut-être bien
difficile d'eftimer au jufte fa force,
mais

mais ce que nous connoiſſions déja, a
pu ſervir à la déterminer : nous ſavons
que les idées des objets que nous nous
rappellons, ou ce qui revient au même, les idées de l'Imagination, ſont
moins claires, que celles des objets
qui nous affectent, ou les idées des
Sens : cette différence de clarté devient
notre règle : car comme nous avons
vu, que les Senſations fortes ſont accompagnées d'un plus grand, les Senſations foibles d'un moindre degré de
clarté, nous jugeons que les premiéres ont plus de force que l'Imagination, & que les ſecondes lui ſont en
équilibre ; que les unes par conſéquent doivent lui ôter ſon action, &
que les autres ne peuvent tout au
plus que la balancer : voilà donc la
force de l'Imagination déterminée par
la comparaiſon que nous en faiſons a-
vec les reſſorts qui font ſeuls ſon
mouvement, les Senſations ; car quelque facilité qu'elle ait à reproduire les
objets, nous avons vu qu'elle ne les
reproduit que déterminée par une
Senſation : & c'eſt ce qui fait ſa raiſon ſuffiſante.

G 6   Ce

Ce qui fuit, la caractérife davantage.

Un feul avis des Sens fuffit pour la déterminer à repréfenter une file d'objets; voilà ce que l'on peut nommer fa principale proprieté, ce ne font pourtant que des objets, qu'elle a vus auparavant liés & réunis enfemble; & entre ces objets, elle retrace avec plus de facilité, ceux qui lui ont été peints ou le plus fouvent ou avec plus d'attention, voilà ce que M. W. appelle fes *Loix*.

En retraçant ces objets, ou elle raffemble ceux qui fe trouvent à être de la même efpèce; ou fans avoir égard à cette reffemblance, elle fe contente d'unir des objets, qui ne fe tiennent, que parce que chacun de ces objets avoit été perçu avec celui qui le fuit; & c'eft ce que nous avons nommé fes deux fortes de marche; avec cette différence feulement, que l'une n'eft guères que l'effet de l'attention de l'Ame à fon objet, & que l'autre fait le caractère de l'Imagination même.

Tels font en général les principes qui peuvent nous guider dans la connoiffance de l'Imagination, pendant que

que les Sensations vives & fortes a-
gissent sur elles, c'est-à-dire, pendant
que nous veillons : que si ces Sensations viennent à cesser, c'est un autre
état, que l'on nomme sommeil, comme les perceptions claires que nous y
avons des choses absentes, se nomment Songes.

Il en est de ces Songes, qui ne sont
que des images de l'Imagination, comme de toutes celles qu'elle produit
pendant que nous veillons ; ils sont
l'ouvrage de la Sensation qui les fait
naître, & de l'Imagination, qui les
continue.

La suite de leur destinée ne dépend
pas moins des Sensations, que leur
naissance : qu'une seule préside à tout
l'ouvrage, il se suivra avec l'ordre qui
lui est propre ; mais s'il arrive qu'une
autre ou plusieurs surviennent, & se
heurtent, elles ne feront que s'em-
barrasser, & gâter tour à tour ce que
chacune d'elles auroit pu faire séparément.

Ce sont ces mêmes Sensations qui
font tout le merveilleux de nos Songes : la même occasionnera non seulement dans différentes personnes,
G 7   mais

mais encore dans la même suivant les
différentes nuances de clarté qu'elle
aura, une différente suite d'images;
toutes donneront à ces images un
corps qui nous trompe, & nous les
fait prendre pour les objets mêmes
qu'elles repréſentent : erreurs qui ſe
perpetuent jusqu'au moment d'un ſommeil profond, qui les finit, ou juſqu'à celui du reveil, qui en fait ſucceder
ſouvent d'autres d'une nature différente, & preſque toujours dangereuſes.

CHAPITRE VII.

De la Faculté de feindre ou d'imaginer.

§. 138.
139. &
140.
Ce que
Mr.
W. ap-
pelle fa-
culté de
feindre,
ou d'i-
maginer.

JUSQUES ici nous n'avons vu l'I-
magination que ſous une de ſes faces, lorſqu'elle reproduit l'image d'un
objet, ou qu'elle y en joint une ſuite
d'autres, nous allons maintenant la
conſiderer ſous un autre point de vue,
lorſque guidée par l'Art, elle decom-
poſe une image pour s'en repréſenter
par l'abſtraction, une partie ſans une
autre, ou qu'elle combine enſemble
les

les différentes parties de ces images ainsi decomposées : c'est ce que M. W. appelle la Faculté de feindre, ou d'imaginer.

Il est hors de doute que nous pouvons nous représenter separément toutes les parties d'un Etre composé ; le tronc d'un arbre, par exemple, sans sa racine, ou ses branches ; de même la racine sans ses fibres, les branches sans leurs feuilles, parce que rien n'empêche que notre imagination ne nous représente separément des parties, que les Sens nous offrent à chaque instant separées les unes des autres.

Que si faute d'art & d'exercice, on avoit de la peine à se représenter separément quelqu'une de ces parties, sans se retracer en même tems le tout qu'elles forment ; que l'on sentit, c'est l'exemple de M. W., que quelque faciles que soient à saisir ces longues oreilles d'un animal, que l'on voit assez souvent, l'idée de l'animal qui les porte vient toujours cependant se joindre à celle des oreilles, il conseille un moyen ; c'est de s'imaginer qu'on a coupé & separé de la tête cet ornement

ment qui la distingue, & qu'on le porte ailleurs, pour être exposé seul à la
vûe. Or nous sentons qu'il n'y a rien
d'impossible à tout cela.

De la même manière, comme ce
que l'on nomme modes, peut être sé-
paré du sujet, dont il est mode, rien
n'empêche que l'on ne se représente
un sujet sans mode; une fleur, par exemple, sans la couleur que la Nature lui a donnée, comme nous voyons
tous les jours que l'on nous représente des Lys avec des couleurs différentes de la blanche; je prens l'exemple
des couleurs, parce qu'étant sujettes à
s'alterer & à changer, elles ne peuvent être regardées que comme des
modes.

Il n'en est pas ainsi de ce que M.
W. nomme Attributs, lesquels sont
inséparables du sujet: comme il est
impossible, que les Sens nous offrent
un sujet sans son attribut, il est impossible aussi que l'Imagination nous le
représente sans ce même attribut;
ainsi parce que le nombre de trois
angles est un attribut essentiel du triangle, nous ne saurions nous le représenter sans ces trois angles.

Cette

Cette première qualité de décom-
poſer les images & de s'en repréſenter
les idées partielles, comme ſeparées
de la compoſée, conduit naturellement
à une autre dont nous avons déja parlé,
& qui conſiſte à combiner les différentes parties de différentes images.

Car pourquoi ne pourrions-nous pas
prendre ces parties ainſi ſeparées, ou
les idées partielles qui les repréſentent,
pour les attribuer ſuivant notre goût
& notre idée, à un ſeul ſujet différent
de celui, qu'elles compoſent ? Pourquoi de la même maniére ne pourrions-nous pas prendre différens modes de différens ſujets, pour les attribuer à un autre, qui ne les eut jamais à la verité, mais auquel il ne
repugne pas toutefois qu'on les attribue ?

Et en effet comme nous pouvons nous
repréſenter d'autant plus facilement
dans l'Imagination, ainſi que nous vè-
nons de le dire, une partie de ces Etres
ſans l'autre, que les Sens nous repréſentent ſouvent ces mêmes parties ſeparées ; qui empêche que nous ne réu-
niſſions ces différentes parties entre-elles, & que comme l'idée d'un être
com-

Elle conſiſte à decompoſer les images de l'Imagination, & à les combiner différemment.

composé renferme celle du nœud, ou
lien, qui en réunit les parties, pour en
faire un tout, l'idée de ce même nœud
ne se présente à nous pour joindre ensemble des parties que nous voulons
assortir, & en former ce tout singulier
& extraordinaire, dont nos Sens ne
nous avoient point encore donné le
Spectacle dans la Nature?

N'est-ce pas ainsi que les Poëtes, &
les Peintres après eux sont venus à former leurs Sirenes, leurs Satyres, leurs
Centaures, & tous ces monstres char-
mans, qui embellissent la Poësie, &
charment l'Imagination en la trom-
pant?

Pourquoi ne pourrions-nous pas attribuer de la même maniére à un Etre, un
mode qu'il n'eut jamais à la vérité, mais
qu'il n'y a aucune repugnance ou contradiction à lui attribuer? Et ne suf-
fit-il pas, que nous aions vû d'un côté le sujet, auquel nous l'attribuons,
de l'autre ce mode existant dans un autre sujet, pour que cette idée d'existence vienne à se présenter à nous, dès
que nous voudrons les réunir, & paroisse donner une ombre de réalité à
ce nouvel assemblage des choses, qui
ne

ne fauroient fe joindre que dans notre Imagination.

Nous avons déja rapporté à ce fujet l'exemple des lys, que nous nous re-préfentons, & ce que nous voyons en effet tous les jours, peints en or, ou en bleu, quoi que nous ignorions, fi la Nature peut changer leur couleur & la varier.

C'eft que nous ne confiderons en effet de ce lys que la forme & la figu-re, fur laquelle il importe peu, ou du moins il ne répugne pas, que nous mettions une couche de toute autre couleur, que la blanche; d'autant que les lys mêmes produits par la Nature, nous paroîtront peints de toutes ces couleurs, fi nous voulons les regarder à travers des verres différemment peints.

Que fi l'Imagination trompe, ce n'eft que ceux qui confondent deux chofes, qui ne doivent pas l'être; com-me, par exemple, l'image de ces lys, avec les lys mêmes; car il ne s'agit ici que de ces images; il fe pourra bien faire que l'Imagination qui ne connoît point l'effence de chaque chofe, pren-ne pour mode, ce qui ne l'eft pas; mais il n'arrivera point, qu'elle fe re-
pré-

préfente des chofes où il y ait contradiction ; puifque s'il y en avoit quelqu'une à joindre , par exemple , un tel
mode avec un tel fujet ; bien loin qu'elle pût les réunir, elle ne fauroit même
fe repréfenter rien qui y reffemble.

Nous l'avons déja dit dès le commencement de ce Chapitre ; cette fa-
§. 142, culté , que nous avons de décompofer
143, 144 une idée totale , & de la partager en
des idées partielles , de prendre enfuite de différents fujets plufieurs idées
partielles , & de les combiner pour en
former l'image d'une chofe nouvelle ,
& que la Nature n'a point encore re-
préfentée à nos yeux ; ou , fi l'on veut ,
cette faculté que nous avons de parta-
On ne ger un tout compofé , & d'affortir par
fauroit un nouvel affemblage différentes par-
douter ties de différents tous ; voilà ce que
que cette M. W. appelle faculté de feindre ,
faculté ou d'imaginer ; & tout ce que nous
ne foit venons de dire montre affez , que nous
en nous. avons cette faculté.

145. L'Imagination & l'Art ont de grands
rapports: Ce que l'une invente, l'au-
148. tre l'exécute ; ainfi quelque image
que forme l'Imagination, on verra l'Art
l'i-

l'imiter, la matiére docile entre fes L'Art
mains prendre d'abord la forme de travaille
ces différentes parties, que l'Imagina- d'après
tion avoit tracées; on verra de mê- elle &
mé ces parties ou fortir de la même l'imite.
maffe, & fe debrouiller fucceffivement, ou fe réunir fi elles étoient
enfermées dans une maffe différente,
& venir comme d'elles-mêmes former ce tout fingulier, dont l'Imagination avoit donné le modèle.

C'eft ainfi que l'Art a fu donner
un corps à toutes ces chimères qu'a
enfanté l'Imagination; les Centaures,
les Sirènes, les Satyres, & les a fait vi-
vre en marbre, en bronze, ou fortir de
la toile à l'aide des couleurs.

C'eft ce bel accord de l'Imagination & de l'Art, qui fait les grands
hommes dans la Poëfie, le Deffein &
la peinture &c. Il femble que toutes les
richeffes de la Nature foient deve- L'Ac-
nües les leurs, par la fcience qu'ils cord de
ont de les mettre en œuvre, & qu'ils l'un & de
ayent pris à tâche de les augmenter fait les
encore par le beau mêlange & l'heu- grands
reux affortiment qu'ils en font. hommes
Tandis que ces grands hommes fem- peinture
bléront créer, les autres dont l'Imagi- &c.
na- §. 149.

nation plus foible & plus étroite ne pourroit s'élever jufqu'à ces combinaifons
originales, fe borneront à confidérer
plufieurs plans ou deffeins, qui leur tiendront lieu de ces images neuves qu'ils
ne peuvent produire, & à prendre de
ces deffeins ou plans, différents mor-
ceaux, qu'ils joindront, & qu'ils af-
fortiront, pour former le tableau, l'é-
difice qu'ils veulent faire.

§. 150.   M. W. avoue pourtant qu'un Ar-
chitecte, & un Peintre de cette feconde Claffe feront des ouvrages con-
formes à toutes les règles de l'Art,
fi cet affemblage qu'ils forment fur les
idées des autres, a pour bafe & pour
règle le grand principe de la Raifon fuffifante; c'eft-à-dire qu'ils ne mettent rien dans cette maifon, ou dans
ce tableau, rien, dis-je, dont ils ne puiffent apporter une raifon fuffifante, qui
juftifie pourquoi ils ont mis cette partie
plutôt qu'une autre, & configurée de
cette façon plutôt que d'une autre,
puifqu'il eft vrai que chaque partie, &
fa forme font déterminées par l'ufage auquel cette partie eft deftinée.

Rien ne juftifie mieux l'Imagination, contre laquelle l'on fe pré-
vient

vient toutefois si souvent, que ces
chefs d'œuvre de l'Art, ou qu'elle
crée, ou dont elle emprunte l'idée
des ouvrages des autres; aussi M. W.
qui l'a si bien épiée, convient-il ici,
qu'elle est la mère de l'invention, &
qu'il ne s'agit que de la rectifier, en
l'unissant & comme il le dit, en la ma-
riant avec la Raison.

C'est sur ce fondement sans doute
que les Egyptiens autrefois, & les
Chinois encore aujourd'hui, ces deux
Peuples si célèbres par la sagesse de
leurs Loix & de leur Police, bien loin
ou de mépriser l'Imagination, ou de
la regarder comme une faculté tout-
à-fait indocile, & presque indomptée,
s'en servoient utilement, & savoient
l'assujetir à exprimer dans leurs hieroglyphes, leur Morale & leurs Loix,
les actions & le caractère de leurs
Princes.

Car qu'étoient-ce que leurs hieroglyphes, ou que sont-ils encore, sinon
des figures trouvées par l'Imagination,
pour signifier certaines choses, avec
lesquelles ces figures ont du rapport &
de la ressemblance : C'est ainsi que les
Chinois pour marquer la prudence,

§. 151.
Ce que
c'étoient
que les
hierogly-
phes.

qui

qui caractérisa Fohi fondateur de leur
Empire, le représentent avec la tête
d'un homme & le corps d'un serpent,
qu'ils donnent une tête de bœuf à Xin-
um qui lui succeda, parce qu'il perfec-
tionna l'Agriculture en apprenant à
mettre les bœufs sous le joug.

De la même maniere M. W. prétend que quelques tableaux, qu'il dit
avoir vus de la Tentation de nôtre
Seigneur dans le désert, où le Tenta-
teur est représenté avec un habit de
Moine & des pieds de chèvres, ne sauroient être qu'hieroglyphiques; car
comme, il est, dit-il, bien éloigné
d'attribuer à personne des erreurs, &
qu'il ne sauroit se persuader que les
Peintres, ou ceux qui faisoient faire
ce tableau, fussent assez ignorans dans
le Costume & dans la Chronologie,
pour mettre des habits de St. François
dans le tems de Notre Seigneur, il
aime mieux croire que ces tableaux
sont de vrais hieroglyphes, & que l'on
a voulu exprimer par un aussi saint habit, cette Leçon de l'Apôtre, qui a-
vertit, que Satan se transforme quelquefois en Ange de lumiére, & marquer par ces pieds de chèvre, qu'un
hom-

homme vraiment attentif à confiderer le Diable de la tête aux pieds, vient à bout de le découvrir malgré tout fon déguifément.

J'ai cru que comme il arrive rarement à M. W. de mêler des plaifanteries au férieux de fon Ouvrage, on me pardonneroit d'avoir rapporté la mauvaife qu'il fait ici.

Mais fans recourir aux Farces, ne voyons-nous pas tous les jours des tableaux ou des médailles allégoriques, que l'on peut regarder comme des hieroglyphes infiniment ingenieux, où l'Imagination guidée & retenue par un gout fage nous montre l'accord le plus heureux de fon Art avec la Raifon.

Tout l'Art des hieroglyphes confifte à trouver une image, dont les parties puiffent avoir une reffemblance avec les déterminations intrinfeques de la chofe qu'on veut exprimer ; s'il arrivoit que tout ce que l'on diftingue dans ces parties répondit encore à tout ce que l'on peut diftinguer dans toutes ces déterminations intrinfeques, l'on auroit alors la perfection du hieroglyphe.

§. 152. & 153. Ce qui leur donne la perfection.

H   D'où

§. 154.
Ils peuvent te
nir lieu
de Défi-
nition.

§. 155.

D'où il résulte, que de deux hiero-glyphes qui représenteroient la même chose., le plus parfait seroit celui qui exprimeroit par un plus grand nom-bre des parties, un plus grand nombre de déterminations ; & que si une image pouvoit représenter tous les caractères qui entrent dans la définition d'une chose, elle tiendroit lieu elle-même de définition.

§. 156.
De Pro-
position.

On peut dire dans le même sens, qu'elle serviroit encore à représenter des propositions; puis qu'il importe peu en effet que l'idée ou la notion qui répond à ces propositions soit ex-citée en nous par des mots tracés sur le papier, ou par ces images hiero-glyphiques : ainsi nous dirions dans ce sens que l'image de la Justice, que l'on nous représente ordinairement sous la figure d'une Vierge, laquelle a les yeux ceints d'un bandeau, & tient dans l'une de ses mains une Balance, & dans l'autre un Glaive, repondroit à ces trois propositions ; la Justice n'est touchée par aucun égard, elle pèse sans distinction & les raisons & les in-térêts pour rendre à chacun ce qui lui est du; comme elle assure le repos &

la

la tranquilité des bons, elle reprime par la crainte du glaive l'audace des méchans, & la punit.

C'eſt pourquoi rien n'empêche abſolument que les Sciences ne puiſſent être enſeignées par des figures hieroglyphiques; puiſqu'auſſi bien elles ne ſont compoſées en grande partie, que de définitions & de propoſitions: & telle fut, comme tout le monde le ſait aſſez, la méthode des Egyptiens, qui d'un côté pour ne pas laiſſer périr les vérités trouvées, & de l'autre pour ne les pas proſtituer au commun des hommes, les conſacrerent par des ſignes, dont le myſtère n'étoit devoilé qu'à ceux qui en étoient jugés dignes.

N'eſt-ce pas encore de ſignes hieroglyphiques que les Alchymiſtes couvrent leur maniére d'écrire, ou d'enſeigner?

Je crois avoir aſſez fait, que d'indiquer ce que M. W. dit des hieroglyphes; nous ne le ſuivrons pas dans ce qu'il ajoute des caractères primitifs, ou dérivatifs qu'ils doivent avoir ſuivant les différens caractères des choſes qu'ils ſervent à exprimer, de crainte de tomber nous-mêmes dans des

§. 158.

H 2   hie-

hieroglyphes, & de donner ainsi, sans y penser, l'exemple des figures qu'il veut expliquer.

CHAPITRE VIII.

De la Mémoire, de l'Oubli, & du ressouvenir.

Rapports de l'Imagination & de la Mémoire.

IL Y A des rapports si essentiels, & une liaison si étroite, entre l'Imagination & la Mémoire, que ce que nous avons déja dit de l'une, servira beaucoup à éclaircir ce que nous avons à dire de l'autre. Elles sont comme ces sœurs dont parle Ovide, si parfaitement semblables, que malgré quelque légère différence qui les distingue, il est aisé de voir qu'elles doivent être sœurs. Toutes deux ont les mêmes perfections & les mêmes défauts, & il ne faut pas s'en étonner, puisqu'elles marchent le plus souvent ensemble; avec cette différence seulement, que l'Imagination sert de guide, & que la Mémoire ne fait que suivre, lorsqu'elle agit; je dis, lorsqu'elqu'elle agit, car la Mémoire moins vive ne fuit pas l'Imagination dans toutes fes courfes vagabondes.

On n'aura pas au refte de peine à concevoir, après tout ce que nous avons dit de l'empreffement de celle-ci à fe mettre à l'ouvrage, que dans tous ceux, que ces deux facultés font de concert, l'Imagination prenne fur elle la plus grande partie du travail, & ne laiffe prefque rien à faire à la Mémoire ; mais tâchons de découvrir & de marquer plus précifément, jufqu'où va l'une, & où commence l'autre, les limites enfin, où elles font renfermées. *Leurs différences.*

Nous retrouvons dans une maifon une perfonne que nous avions vu ailleurs, à la promenade, au fpectacle ; en la regardant, nous fommes convaincus que nous l'avons vue en effet, & nous venons à la reconnoître ; faifons attention à ce dernier mot, qui fait le caractère de la mémoire : mais pour mieux developper ce qui a rapport à cette reconnoiffance, examinons ce qui fe paffe en nous dans tous ces inftants. *§. 173. La Mémoire confifte principalement dans la reconnoiffance.*

Quelque fimple que paroiffe cette re- *Ce que c'eft que*

H 3

cette re-
connoif-
fance.

reconnoiffance, elle renferme, ou fuppofe, fi on l'aime mieux, ces trois
chofes; 1. l'idée de cette perfonne,
avec celle de la maifon, où nous la
voyons, voilà l'idée des Sens; 2. l'i-
dée de cette même perfonne avec celle du lieu, où nous l'avions vûe auparavant, voilà l'idée de l'Imagination;
& enfin la réflexion de l'Ame fur l'une
& l'autre de ces deux circonftances.

§. 174.

Pour nous convaincre, que tout cela fe trouve en effet dans tout ce que
nous venons de nommer reconnoiffance, il fuffit, dit M. W., que nous
faffions feulement attention aux quef-
tions, que l'on nous fait, ou que nous
faifons nous-mêmes aux autres dans ces
occafions de reconnoiffance.

Reprenons cette perfonne que nous
reconnoiffons, & fuppofons, que l'on
vienne, comme la chofe nous eft fans
doute arrivée, nous demander, comment & d'où nous la reconnoiffons; ne
répondrons-nous pas fimplement, que
c'eft pour l'avoir vûe à la promenade,
au fpectacle, & pour l'avoir remarquée avec d'autant plus d'attention,
que ne la connoiffant pas, nous étions
en peine de favoir qui elle étoit? Car
c'eft

c'eſt en réflechiſſant ſur ces réponſes
ſimples & naturelles que nous faiſons,
ou que les autres font en pareil cas,
que nous parvenons, dit M. W., à debrouiller ce qui auparavant étoit enve-
lopé dans des notions confuſes.

Or en ſuivant l'eſprit de cette ré-
ponſe, que dicte la Nature, & en la
développant, nous trouvons l'idée des
Sens, qui nous repréſente cette pér-
ſonne, l'idée de l'Imagination, qui
nous en retrace l'image, & enfin l'attention de l'Ame à combiner ces deux
idées.

Il eſt donc vrai de dire que la raiſon
ſuffiſante de la reconnoiſſance conſiſte
dans ces trois choſes réunies: & que
nous ne reconnoiſſons la perſonne dont
il s'agit, que parce que nous combi-
nions en effet ces deux idées, l'une des
Sens, & l'autre de l'Imagination, & les
différents objets inſéparables de l'une
& de l'autre; & que nous appercevons
parmi ces idées des différents objets,
l'identité de celle qui nous repréſente
la perſonne, parce qu'enfin la voyant
dans cette maiſon nous ſommes convaincus par l'attention que nous a-
vions eue à la conſidérer à la pro-

Ce qu'elle ſuppoſe.

H 4　　me-

menade, au spectacle, & par l'image que
nous en retrace l'Imagination, que
nous l'avions déja vue, & qu'elle est la
même.

C'est ce que M. W. exprime ainsi:
nous reconnoissons une idée réproduite
par l'Imagination, lorsque nous appercevons à n'en pouvoir douter la suite
d'idées ou d'objets auxquels nous l'a-
vions vue jointe d'abord, & celle des
idées ou des objets auxquels nous la
voyons jointe dans le moment de la ré-
connoissance; ainsi dans notre exemple nous voyons l'idée de cette personn-
ne jointe à l'idée de la maison, où
nous la trouvons, après l'avoir vue
jointe à l'idée de la promenade ou du
spectacle, où nous l'avions vue d'a-
bord.

§. 175.
Défini-
tion de
la Mé-
moire.

Cela supposé, M. W. définit la
Mémoire une faculté de reconnoître
les idées que reproduit l'Imagination,
& par conséquent les choses, que ces
idées représentent ou si l'on veut plus
simplement la faculté de reconnoître,
que l'image ou l'idée que nous avons,
est la même, que celle que nous a-
vions eue auparavant.

§. 176.

Et comme il sent bien, que cette
dé-

définition s'éloigne de la notion que l'on a ordinairement de la Mémoire, pour prévenir les rumeurs, que pourroit caufer cette nouveauté, il croit devoir déclarer tout de fuite par une propofition ajoutée exprès,

Que ce n'eft qu'à l'Imagination, & non à la Mémoire, qu'il appartient de reproduire les idées, & que l'on ne fauroit attribuer cette prérogative à la derniére, fans confondre entiérement ces deux facultés.

Et en effet pour raifonner conformément à ce principe; je fuppofe que quelqu'un accoutumé à réflechir ait vu dans les Livres de M. de la Rochefoucault, ou de M. de la Bruyère une maxime, une penfée, & que dans la fuite oubliant qu'il l'a lue autrefois, il vienne à la retrouver comme par hazard, parce que fon Imagination qui le fert à fon infçu la lui retracera, fans lui rappeller le Livre où il l'a vue; dans ce cas il pourra s'en croire de bonne foi l'Auteur, & ne foupçonnant pas même la trahifon que lui fait fon Imagination, il n'attribuera point cette maxime, cette penfée à fa Mémoire; mais pourquoi

H. 5.   ne

ne la lui attribuera-t-il point, ſi ce
n'eſt parce qu'il ne la reconnoît pas
en effet pour ce qu'elle eſt, pour une
maxime, pour une penſée de M. de
la Rochefoucaut, ou de M. de la Bruyère? Ce n'eſt donc, à proprement parler, & ſuivant même l'uſage ordinaire, que la reconnoiſſance, qui carác-
tèriſe la Mémoire.

§. 177.
Fauſſe
notion
que l'on
en a
commu-
nément.

La plupart ſe la repréſentent comme un Magaſin, où les idées ſont en
reſerve, & d'où on les tire au beſoin;
mais M. W. regarde cette notion,
comme defectueuſe & chimérique, &
ce n'eſt même que de ce dernier
nom qu'il ſe ſert pour la déſigner.

Ce qui a donné lieu ſans doute à
cette Imagination, dit-il, eſt l'analogie & le rapport qu'il ſemble y avoir
en effet entre nos idées, & les choſes
que nous renfermons dans un magaſin,
pour les en tirer au beſoin.

Mais quand il s'agit d'idées, ajoute
ce ſcrupuleux Auteur, qu'eſt-ce que
les tirer du lieu, où elles ſont ſuppo-
ſées en reſerve, ſinon les reproduire? or nous avons vu que les reproduire, eſt uniquement le fait de l'I-
magination.

2. Cet-

2. Cette façon de parler, tirer au besoin les idées du lieu où elles sont en reserve, paroît supposer une facilité de les reproduire quand on veut, & toutes les fois qu'il est besoin de les mettre en œuvre: Or c'est là un vrai préjugé, car d'action de tirer ces idées, ou de les reproduire appartient à l'Imagination, & suit par conséquent, ses loix, & l'on sait que l'Imagination assez portée par elle-même à l'indépendance, se derobe souvent malgré nous à la contrainte, où nous voudrions le tenir; l'on ne peut donc guères supposer cette facilité de tirer au besoin les idées du lieu où elles sont en reserve.

3. Dans toute cette notion, il n'est pas fait la moindre mention de reconnoissance, & nous venons pourtant de montrer que c'est-là ce qui fait le caractère de la mémoire.

Au reste il ne faut jamais entendre à la rigueur, ce que nous venons de dire, de l'indépendance de l'Imagination, comme si c'étoit une indépendance absolue, nous nous contredirions, si nous le disions, puisque nous avons déja vû que l'attention de l'Ame

H 6   à

à un objet captive l'Imagination, à ne représenter que des objets de la même espèce, qu'elle peut se représenter les parties séparées d'un tout, & les assortir à d'autres &c.

Or toutes ces abstractions, toutes ces combinaisons sont des ouvrages que l'Imagination fait sous les ordres de la Volonté, & qui montrent qu'elle en peut dépendre.

La source de toutes ces fausses notions que nous nous formons de la Mémoire, vient de ce que nous ne distinguons pas assez exactement trois facultés de l'Ame, qui ne sauroient l'être trop; la faculté de percevoir les objets sensibles qui nous affectent, ce sont les Sens; la faculté de reproduire les images de ces mêmes objets absens, c'est l'Imagination; & enfin la faculté de reconnoître ces images reproduites, & c'est la Mémoire.

Mais ô étrange condition du Sage, que son zèle porte à devenir l'instituteur des hommes; pour se faire entendre d'eux, il faut qu'il prenne le langage & la voix de leurs préjugés & de leurs erreurs; telle est l'affreuse nécessité, où se trouve réduit M. W.,

lors-

lorsqu'il veut expliquer ce qui a rapport à la Mémoire.

Apprendre par mémoire, dit-il, c'est acquérir la facilité de reproduire les Idées; mais en parlant ainsi, il proteste en même tems contre la façon dont il est forcé de s'exprimer, il declare hautement qu'il ne l'approuve point, qu'il l'admet encore moins, & que s'il s'en sert, ce n'est que parce qu'il est prudent de se rapprocher quelquefois de la façon ordinaire de parler des hommes, que l'on ne sauroit instruire & corriger, qu'autant que l'on en est entendu.

§. 178. Ce que c'est qu'apprendre & retenir par mémoire, & comment on y parvient.

C'est encore par cette même raison, qu'il ajoute, que comme nous acquerons la facilité de reproduire les idées, soit en percevant souvent les mêmes choses par les Sens, soit en nous les retraçant souvent par l'Imagination, nous apprenons aussi par mémoire les choses, que nous percevons souvent ensemble par le secours des Sens, ou de l'Imagination.

§. 179.

Enfin pour se rapprocher des bons principes,

Retenir, dit-il, une chose par mémoire, c'est conserver la facilité d'en

§. 180.

re-

reproduire l'idée, & de reconnoître
cette idée.

Car il en faut toujours revenir à réunir ces deux choses ensemble, puisqu'il est vrai que la mémoire ne sauroit reconnoître une idée, que l'Imagination ne l'ait reproduite: & c'est là
cette union, & cette espèce de paren-
té, dont nous avons parlé d'abord, qui
fait tous les embarras.

§. 181. Il étoit donc tout à fait nécessaire,
qu'on fît mention de cette facilité de
reproduire les idées ; & comme cette
facilité ne s'acquiert qu'en reprodui-
sant souvent les mêmes, & ne se ré-
pare, si on l'avoit perdue, que par le
même art, il s'ensuit que pour retenir
une chose par mémoire, il faut recourir à la pratique ordinaire, que tout
le monde connoît, la répétition de
cette même chose, ou si l'on veut de
grands mots, que tout le monde n'entend pas, la reproduction des mêmes
idées; car des idées reproduites revien-
nent toujours, & forment comme un
cercle, dont il semble qu'il soit impossible de sortir.

§. 182. Pour parvenir cependant à cette fa-
Les dif-cilité de reproduire les idées, & de les
re-

reconnoître, les uns ont besoin de ré-peter plus souvent les mêmes actes, ou de contempler plus longtems le même objet, que ne peuvent avoir les autres; & c'est là une des différences de la Mémoire.

Il en est encore d'autres : car on peut dire que les uns ont la faculté de reconnoître un plus grand nombre d'i-dées reproduites, que les autres, ou bien enfin, que les uns peuvent repro-duire & reconnoître une idée, qu'ils n'auront pas reproduite depuis long-tems, tandis que les autres ont besoin de la reproduire de tems en tems, s'ils veulent la retenir; deux autres qualités qui différentient encore la Mémoire.

§. 183.

§. 185.

Mais pour rendre ces différences en-core plus claires & plus sensibles, il est bon d'ajouter ici quelques définitions particuliéres, qui serviront à distinguer les différentes sortes de Mémoires : el-les peuvent se réduire à ces cinq es-pèces, qui sont d'être prompte, aisée, sure, bonne & grande.

On dit de quelqu'un, qu'il a une mémoire prompte, lorsqu'il n'a pas besoin de repeter souvent les mêmes actes,

§. 186.
Défini-tions de la Mé-

moire prompte. actes, ni de contempler longtems un même objet.

§. 187. Aifée. La Mémoire aifée revient presque au même; & la feule différence, que l'on met entre ces deux efpèces de Mémoire, eft que dans la premiére, que nous avons appellée prompte, l'on ne confidère que le peu de tems, qui eft employé à apprendre, & dans la feconde, ou la Mémoire aifée, la facilité avec laquelle fe font les operations.

§ 188. Sure. Avoir une Mémoire fidelle, c'eft pouvoir reproduire l'idée de ce qu'on a appris, & reconnoître cette idée, après même que l'Imagination a été un long intervalle fans la reproduire.

§ 189. Bonne. Avoir une bonne mémoire, c'eft réunir les trois qualités que nous venons de dire, de pouvoir apprendre promptement, facilement, & retenir longtems ce qu'on a appris.

§. 190. Les différents dégrés où nous voyons la mémoire dans les différents hommes, juftifient ceux par lesquels nous la partageons ici; puis qu'il eft vrai, que tous les hommes apprennent plus ou moins promptement, plus ou moins facilement, & retiennent plus

ou

ou moins de tems ce qu'ils ont appris.

L'on voit que toutes ces différences §. 191.
se réduisent toujours au plus ou moins
de tems, au plus ou moins d'actes re-
petés, qu'il faut pour apprendre ou
retenir une chose.

On suppose toujours ici de l'attention
de la part de l'Ame, on pourroit même ajoûter du goût; car souvent faute de cette attention ou de ce goût,
l'on apprend plus lentement dans certains tems, ce que l'on apprend plus
promptement dans d'autres, comme
on apprend plus difficilement les choses qui rebutent & ennuient, que celles qui amusent & plaisent.

Avoir enfin une grande mémoire, §. 192.
c'est pouvoir reproduire & reconnoî- Grande.
tre les idées d'un grand nombre d'objets, ou pouvoir retenir par cœur une
suite prodigieuse de choses.

Car il faut remarquer qu'il est deux
sortes de personnes, de qui nous disons communément, qu'elles ont une
grande mémoire; les unes sont celles
que nous voyons posseder si parfaitement plusieurs Sciences, qu'elles peuvent s'en représenter tout de suite les
idées,

idées , & en parler avec exactitude,
toutes les fois que l'occasion s'en présente : les autres sont celles que nous
voyons savoir & reciter sur le champ,
quelque endroit que ce soit, d'un Livre, de la Bible , ou du Corps de
Droit, par exemple, ensorte que l'on
dit communément d'elles, que si l'un
ou l'autre de ces Livres étoit perdu,
elles pourroient le reparer.

§. 194. Il est donc deux maniéres de juger
Deux de la grandeur, si l'on peut parler ain-
maniéres si, de la mémoire: la première par le
de juger grand nombre de choses qui ne font
de la point liées ensemble, comme font les
grande différentes connoissances, ou Sciences
mémoi- acquises, dont toutefois on se repré-
re. sente comme à volonté, & on reconnoît toutes les idées ; la seconde par
une longue suite de choses enchaînées
& liées entre-elles, comme l'est un Discours , un Poëme dont toutes les parties se retracent toujours avec la même
facilité à la mémoire: Et en effet il est
aisé de voir que ces deux talens font
très-différents, & que tel qui pourra se
représenter les principes & les idées
de plusieurs Sciences qu'il aura appri-
ses, ne pourra pas se rappeller de même

me un long difcours, de grandes tira-
des de Vers qu'il aura fus autrefois, ou
que celui qui aura cette derniére qualité, n'aura pas toujours pour cela la
premiére; quoique rien n'empêche abfolument, qu'elles ne puiffent être réunies dans la même perfonne, comme
il paroît qu'elles le furent en effet dans
M. Leibnitz.

L'Exercice eft ce qui perfectionne
la mémoire, & peut même la perfectionner au point, où nous venons de
le dire.

L'Exer-
cice la
perfec-
tionne.
§. 195.

Cet exercice n'eft autre chofe que la
répetition des mêmes actes.

M. W. le juge fi néceffaire, qu'il
dit, qu'inutilement fe flatteroit-on de
pouvoir acquerir les idées des chofes,
fi on néglige de s'exercer à les apprendre, & à les retenir, après les avoir
apprifes.

Ce que
c'eft que
l'exerci-
ce.
§. 196.

Et afin de nous faire mieux fentir
les prix & les avantages de cet exercice, il rapporte l'exemple d'un certain
Jean Géorges de Pelshover de Könis-
berg, lequel en s'exerçant continuellement à extraire par mémoire les raci-
nes des nombres, étoit parvenu à un
tel point de perfection, que la nuit du
18.

§. 197.
Exem-
ples des
avanta-
ges qu'il
produit.

18. Février vieux Style, de l'année 1670, car les Mathematiciens dépositaires des Calculs, peuvent bien s'en servir pour marquer leurs grands évenemens, comme ils les prêtent aux vainqueurs pour marquer leurs victoires, il vint à bout d'extraire dans son lit, sans lumiére, par la méthode ordinaire, la racine de 57. Chifres, qui est elle-même de 27.

M. W. dit de lui-même, qu'au commencement de ses études de Mathématique, & sur-tout d'Algèbre, il n'avoit resolu que dans son lit, & dans les plus épaisses ténèbres de la nuit ses problêmes Algebriques; qu'après en avoir achevé la solution, il avoit de même composé géometriquement d'imagination & de mémoire toutes ses méthodes, & que quand il étoit venu à verifier au retour du jour, l'une & l'autre de ces deux opérations, il les avoit toujours trouvées justes: mais que ce n'est aussi que par des exercices continuels, qu'il étoit parvenu à ce point-là.

§. 198. & 199.
Art que demande

On sent pourtant bien que ces exercices demandent un certain Art, & le voici: On ne réussiroit pas en voulant
ou-

outrer dès le commencement la mé-cer éxer-
moire, & exiger d'elle d'entrée de jeu cice.
ce qu'il y a de plus difficile ; il feroit à
craindre qu'elle ne fe refufât à des opérations fi effrayantes : mais il faut ufer
d'adreffe & de ménagemens, l'accoutumer d'abord à retenir des chofes faciles & en petite quantité, & ajouter
enfuite par degrés à cette quantité. Ces
accroiffemens prefque infenfibles font
qu'elle apperçoit moins la différence
des premiéres tâches aux fuivantes,
quoi que cette différence devienne par
la fuite fort confiderable : C'eft de cette maniére que s'y prit cé Jean Geor-
ges Pelshover, il commença d'abord par
des quantités de huit, neuf ou dix Chifres, auxquels il ajoûta toujours jufqu'à ce qu'il fût parvenu enfin à ce
nombre de 53. qui fut comme fon
Apogée:

De la même maniére, lorfqu'on a
quelque chofe de longue haleine à apprendre par cœur, le moyen le plus
court & le plus aifé pour y réuffir n'eft
pas d'embraffer d'abord l'objet dans
toute fon étendue ; la mémoire pourroit bien en être accablée, mais de le
partager par parties, d'apprendre ces
                                      par-

parties féparément, & de les réunir enfuite par des liaifons que la mémoire faifit aifément.

C'eft par ces deux moyens, que l'on parvient à étendre l'Imagination & la Mémoire, & que l'on accoutûme l'une à reproduire en même tems plufieurs idées, & à les retenir long-tems, & l'autre à les reconnoître.

§. 200. Comment il peut être aidé par les chofes mêmes.

Outre ces fecours que peuvent donner & que donnent en effet l'exercice & l'Art, il en eft encore que l'on tire des chofes mêmes à apprendre; car il n'eft pas douteux que l'on apprend plus vite ou plus aifément, & que l'on retient de même beaucoup mieux, celles que l'on conçoit diftinctement, que celles qu'on ne conçoit que confufément.

Dans les Difcours d'éloquence.

Et en effet que l'on fuppofe plufieurs chofes liées entre elles par un ordre fi naturel, qu'elles femblent naître les unes des autres, il ne fera pas difficile d'apprendre la premiére féparément, & d'appercevoir ce qui la lie avec la feconde; on fe repréfentera de même tout ce qu'il y a dans cette feconde, & ce qui la lie encore avec les fuivantes, & ainfi des autres, de forte qu'en fe rap-

rappellant à l'Imagination ce que chacune de ces parties contient féparément, & l'ordre qui les enchaîne les
unes aux autres, on acquerra la facilité
de reproduire les idées de la première
avec celles de la feconde, les idées de
la feconde avec celles de la troifième;
& tel eſt le fruit & l'avantage que produifent la diſtinction & l'ordre dans les
chofes : avantage que ne fauroit avoir
la confufion entiérement oppofée à
l'ordre.

C'eſt à l'aide de cet ordre plus lu-
mineux & plus fenfible parmi nous,
qu'il ne le fut jamais chez les Grecs,
ou chez les Romains, que nos plus
grands Orateurs, foit dans le Barreau,
foit dans la Chaire, apprennent & retiennent avec moins de peine ces Difcours, que l'on peut regarder comme
les chefs-d'œuvres de leur Art : cette
méthode fert non feulement à les guider eux-mêmes, mais encore à guider
ceux qui les entendent : c'eſt un flambeau qui éclaire leurs pas, & fait appercevoir tous ceux qu'ils font dans la
carriére où ils fe font enfermés.

On dira peut-être que cet ordre fi Dans
propre à aider la mémoire ne fe trou- l'Hiſtoi-
ve re.

ve pas par-tout, comme dans les Difcours dont nous venons de parler;
mais M. W. nous apprend l'art & le
secret de le mettre nous-mêmes dans
tout ce que nous lisons : car que l'on
prenne, dit-il, l'Histoire d'une Mo-
narchie, d'une République, quelque
embrouillée qu'elle soit, on parviendra
à y introduire cette méthode, & à
trouver par conséquent un moyen de
l'apprendre avec moins de difficulté : il
ne s'agit pour cela, que de prendre
séparément, & comme en particulier
tous les personnages qui sont sur la
scène, s'attacher à connoître leurs caractères & leurs intérêts, à considérer
les événemens généraux qui ont rapport à tous, & la manière dont chacun a dû en être affecté, les événemens particuliers qui se sont joints aux
généraux, à examiner les circonstances des uns & des autres, l'ordre soit
des tems, soit des choses, où ces circonstances sont survenues : avec ces
précautions on éprouvera, que ce
que l'on avoit lu peut-être souvent
sans pouvoir le retenir, se placera &
s'arrangera naturellement dans la mémoire.

Mais

Mais ne pourroit-on pas dire que cette méthode, quelque excellente qu'elle soit, regarde encore plus l'Auteur, qui par l'engagement, qu'il contracte, en se chargeant d'écrire, a dû prendre sur lui tout le travail, que le Lecteur, qui sembleroit presque en droit de n'y chercher qu'une instruction aisée.

Ce que nous venons de dire de l'Histoire, se doit dire à quelques égards des Sciences, dont il faut toujours saisir les principes les plus généraux, desquels on descend à ceux qui leur sont subordonnés, & ainsi d'étage en étage ; les Sciences que l'on apprend de cette maniére ne s'oublient point.

Et dans les Sciences.

C'est sur ce plan qu'étoient faites ces tables, que M. W. regrette n'être plus d'un usage aussi commun, ces tables où l'on appercevoit d'un coup d'œil tout ce qui a rapport à une Science, & comme l'on voit dans un Arbre Généalogique la suite des enfans, qui naissent d'un pere commun, & les différentes branches qu'ils ont formées, on voyoit de même en tête les principes qui servent de fondement à

cette

cette Science, les vérités qui naissent de ces principes, l'ordre dans lequel elles en naissent, le partage qui s'en fait comme en autant de différentes familles, qui forment les différentes Colonies d'une même Contrée.

Or il n'est pas difficile de se représenter dans l'Imagination, & de se rappeller dans la mémoire ces tables entiéres, d'y voir toutes les choses mises & distribuées dans leurs classes, les attributs qui leur conviennent &c. Et se représenter ainsi cet ordre & cette suite de tables & de classes, c'est se représenter l'ordre & l'enchaînement de toutes les parties d'une Science.

§. 201.
Ce que l'on nomme Mémoire re artificielle.
Ce que nous nommons Mémoire artificielle, n'est fondé que sur cette espèce de Méchanisme, dont tout l'art consiste à attacher à des lieux, & à des objets sensibles les idées des choses ou des paroles que nous voulons nous rappeller.

Et en effet pour rapporter ici un exemple des plus sensibles; que l'on voie sur une muraille, sur une boutique près de laquelle on passe souvent, une devise, une inscription peinte, dont les yeux, l'esprit sont frappés toutes les
fois

fois qu'on y paſſe ; on éprouvera bientôt que ces deux idées de la muraille
& des paroles qui y ſont peintes, ſe
lient tellement enſemble, que l'on ne
ſauroit penſer à l'une de ces deux choſes, ſans penſer à l'autre ; & cela eſt
conforme aux loix de l'Imagination
que nous avons expliquées.

Il eſt aiſé de voir que l'on ne nom- §. 202.
me cette eſpèce de Méchanisme, Mé- Raiſon
moire artificielle, que parce qu'il y a de ce nom.
un certain art en effet, à faire qu'une
choſe, qui par elle-même ſemble n'a-
voir aucun rapport à la Mémoire, ac-
quière cependant la proprieté de l'aider à reproduire, & à reconnoître les
Idées.

Comme il eſt évident que cet artifi- §. 203.
ce dépend de nous, il s'enſuit que la
Mémoire en doit dépendre de même ;
puiſqu'il ne tient qu'à nous d'aſſujettir
par cet artifice l'Imagination à la Mémoire, & la Mémoire aux ordres de
la volonté ; enſorte que nous puiſſions
toujours reproduire, & reconnoître nos
idées par-tout, où , & quand nous
voulons.

Que ſi l'on veut une définition plus Défini-
préciſe encore de la Mémoire artifi- tion de la Mé-

I 2   ciel-

moire ar-cielle, on peut dire qu'elle eſt l'art d'étendre & d'aider la Mémoire par différents artifices, on prétend que Simonide fut le premier qui imagina cet art ingenieux.

moire artificielle.
§. 204.
Cic. L.
2. de Or.

L'on peut donc diſtinguer deux ſortes de Mémoires ; la naturelle qui ſe trouve dans l'homme ſans le ſecours de l'exercice & de l'art, & l'acquiſe qui eſt le fruit de l'exercice & d'un certain art : celle que nous nommons Mémoire artificielle, conſiderée ſeulement comme un effet de l'art, peut être rapportée à la derniére, comme une eſpèce particuliére à ſon genre.

§. 205.
& 206.
Elle eſt diſtinguée de la naturelle.

S'il eſt bon de faire valoir aux hommes les avantages de la Mémoire pour les porter à la cultiver, il ne l'eſt pas moins de leur en montrer les défauts, pour leur apprendre à s'en défier. Le premier comme le plus grand de tous, eſt qu'elle peut faillir, & par conſéquent nous tromper : le ſecond qu'elle eſt fragile & ſujette à s'affoiblir, & à périr même, ſur-tout ſi l'on ceſſe de l'exercer.

Défauts de la Mémoire.
§. 207.

Que la Mémoire puiſſe faillir & ſujette à nous tromper, c'eſt une choſe qui n'a preſque pas beſoin d'être prouvée;

Elle eſt ſujette à faillir, &

puiſ-

puisqu'outre la triste expérience que à nous
nous en faisons journellement, il n'est tromper.
besoin que de réfléchir sur ce qui arri- §. 208.
ve assez souvent. Différentes personnes
se trouvent à être d'avis différents sur
une même chose, que toutes cependant assûrent avoir vûe & examinée;
les uns veulent qu'elle soit d'une façon,
les autres d'une autre souvent opposée;
or comme il est impossible que la même chose ait des qualités contraires, il faut de nécessité que l'Imagination la représente aux uns ou aux
autres, & peut-être à tous, différente de ce qu'elle est en effet; & par
conséquent qu'elle trompe les uns ou
les autres, & qu'elle les trompe peut-être tous.

Faillir, en parlant de la Mémoire,
est lorsque nous prenons une idée que
notre Imagination nous représente,
pour celle que nous savons avoir eue
auparavant, quoique cette idée soit entiérement différente: ainsi nous disons
que la Mémoire est en défaut, & nous
trompe en effet, lorsqu'elle nous représente habillé de rouge un homme
que nous n'avions vû, dit M. W. habillé que de verd.

I 3   De

§. 209.
Sa fra-
gilité.

De ce que la Mémoire nous trompe, il ne s'enfuit que trop, qu'elle est fragile; l'on pourroit même dire, qu'il y a lieu de s'étonner que la Mémoire ne le soit pas davantage, & ne nous trompe pas plus souvent : car lorsque

§. 210.

l'Ame reproduit l'idée d'une chose perçue auparavant, l'Imagination du ressort de qui est cette opération, peut aisément mêler à cette idée, quelque chose de l'idée d'une autre perçue auparavant; cependant l'Ame qui fait seulement qu'elle a perçu l'une & l'autre de ces deux choses, ne songe pas même à soupçonner, ou à prévenir ce mélange, ou quiproquo de l'Imagination, & tombe par conséquent comme naturellement dans la méprise, & dans l'erreur.

Naît de
notre
peu d'at-
tention.
§. 211.
& 212.

Ce qui fait que nous y tombons encore plus aisément, est le peu d'attention que nous avons à percevoir souvent & longtems, comme il faudroit, les mêmes choses par les Sens, & l'Imagination; faute cependant de cette attention, la faculté de reproduire les idées des choses s'affoiblit, & nous échappe même tellement, que lorsqu'elles nous sont de nouveau présentées
tées

tées par les Sens, il nous paroît que nous les voyons pour la premiére fois.

Car ces deux facultés, celle de reproduire & de reconnoître les idées, sont si essentiellement liées entre elles, que s'il arrive que nous ne puissions reconnoître une idée qui nous est représentée par les Sens, l'Imagination ne sauroit aussi ni la rappeller, ni la reproduire.

Liaison intime de l'Imagination & de la Mémoire.

Et en effet comme nous ne reconnoissons un objet, qui nous est représenté par les Sens, qu'autant que nous appercevons la différente suite d'idées ou d'objets, auxquels il étoit joint la premiére fois, & que nous la comparons avec la différente suite d'idées ou d'objets, auxquels il se trouve joint la seconde, ainsi que nous l'avons dit §. 174, & que nous ne pouvons appercevoir cette premiére suite d'idées, ou d'objets, qu'autant que l'Imagination nous retrace l'image de tout ce que nous avions perçu d'abord avec cet objet, il s'ensuit, que si nous ne pouvons le reconnoître, lorsque les Sens nous le représentent, ce n'est que parce que l'Imagination n'a

pu le reproduire en effet, & par conféquent, que fi nous ne pouvons reconnoître une idée qui nous eft re-
préfentée par les Sens, l'Imagination
ne fauroit auffi ni la rappeller, ni la
reproduire.

Il n'eft pas que nous n'ayons eu
lieu de nous convaincre encore de
cette même vérité par notre propre
expérience; & en effet ne nous eft-il
pas arrivé de nous étonner de certaines chofes que nous croyons n'avoir
jamais ou vues, ou entendues, tandis
qu'on nous affuroit qu'on nous les a-
voit ou montrées, ou dites: rappel-
lons-nous maintenant ce qui s'eft paffé en nous dans ces fortes de fituations: 1. notre premier mouvement
n'a-t-il pas été de fermer les yeux
pour repaffer plus tranquillement fur
toutes les idées qui font chez nous,
& examiner fi parmi toutes ces idées,
nous n'appercevons point celle dont
il s'agit: 2. au cas que nous ne l'aions
pas apperçue, n'avons-nous pas avoué
comme vaincus, que nous ne nous en
reffouvenons en aucune façon ? mais
& cet étonnement, & cette attention
à faire la recherche & l'examen de
nos.

nos idées, & cet aveu naturel que
nous ne saurions parvenir à trouver
celle de la chose, qu'on veut nous rappeller, tout cela ne montre-t-il pas
évidemment ce que nous venons de
dire, que l'Imagination ne peut rappeller, ni reproduire l'idée d'une chose, que nous ne saurions reconnoître?

C'est cette même liaison si intime
de ces deux facultés, dont l'une a pour
objet de reconnoître les idées, & par
conséquent les choses qu'elles représentent, & l'autre de les reproduire,
qui fait qu'on les confond souvent,
& qu'on attribue à la Mémoire la facilité de reproduire une idée, en supposant & comme en sous-entendant
le plus souvent la facilité de les reconnoître, en quoi consiste cependant
la Mémoire.

Il doit même arriver suivant les
principes que nous avons établis sur
l'Imagination, que ces deux choses se
lient, car que l'on ait perçu souvent
la même chose soit par les Sens, en
la voyant, ou en l'entendant souvent,
soit par l'Imagination, en se la retraçant
souvent, & qu'à chaque fois on les
ait reconnues, l'Imagination joindra

Raison de les confondre.

§ 213. & 214. Dans quel sens & de quelle manière la reconnoissance peut appartenir à la Mémoire.

I 5
cette

cette reconuoiſſance à la choſe même, comme elle joint pluſieurs idées qu'elle a perçues enſemble.

L'Oubli eſt oppoſé à la Mémoire; d'où il reſulte que comme celle-ci eſt cette faculté que l'Ame a de reconnoître les idées reproduites par l'Imagination, l'Oubli peut & doit être defini, l'impuiſſance où eſt l'Ame de reconnoître ces mêmes idées.

Cette impuiſſance en renferme une autre, qui eſt celle de les reproduire; car s'il eſt vrai, comme nous venons de le dire, que lorsque nous ne pouvons reconnoître une idée qui nous eſt repréſentée par les Sens, notre Imagination ne ſauroit auſſi la reproduire, il n'eſt pas moins vrai de dire, que ces deux choſes ſe contrediſent & ſe détruiſent, avoir oublié une choſe, & pouvoir la reconnoître, avoir oublié une choſe, & pouvoir en reproduire l'idée.

Si l'Oubli eſt oppoſé à la Mémoire, il s'enſuit, que comme celle-ci ſe perfectionne par l'habitude de reproduire les mêmes actes, l'Oubli doit être occaſionné ou produit par la négligence à cultiver cette même habitude.

Et

Et en effet, si, comme nous l'avons dit, on n'acquiert la facilité de reproduire une idée, qu'en la répétant souvent, & si on ne la recouvre, au cas qu'elle vienne à se perdre, que par le même moyen, la raison qui fait qu'on reproduit facilement les idées, c'est-à-dire, l'habitude de les reproduire venant à cesser, la Mémoire doit s'affoiblir, & se perdre, aussi, & l'Oubli prendre la place de la Mémoire.

M. W. rapporte ici deux exemples remarquables, qui prouvent bien que la Mémoire ne se conserve que par l'exercice. Le premier est de M. Hudde, & qu'il dit avoir appris de M. Leibnitz, & le second de M. Newton. Exemples d'oubli.

M. Hudde s'étoit fait un grand nom dans la Géometrie par deux Lettres qu'il avoit données sur la reduction des Equations, & sur les Questions qu'on appelle *maximis*, *minimis*, c'est-à-dire, les plus grandes & les plus petites lignes droites, qui se terminent aux Circonferences des Sections Coniques. M. Leibnitz, curieux de voir tous les Savans, passa en revenant de France par Amsterdam, pour y voir celui-

ci,

ci, & s'entretenir avec lui sur la plus
sublime Géométrie ; mais il fut bien
surpris, lors qu'il vit que M. Hudde,
au lieu d'entrer en conversation, lui
présenta seulement un Livre manuscrit, qu'il avoit fait autrefois sur ces
matiéres, & lui dit tout en souriant,
que ce Livre étoit plus habile que son
Auteur, lequel avoit oublié toutes les
idées d'Algèbre & de Géométrie, depuis qu'il étoit Bourguemeftre d'Amsterdam, comme il l'étoit alors.

On croit communément que Newton, qui a vécu 85 ans, n'entendoit
plus dans un âge si avancé son grand &
sublime Ouvrage des Principes de la
Philosophie naturelle ; M. W. ne l'attribue, comme dans le premier exemple, qu'à ce que Newton cessa de s'appliquer à la Géométrie : & cela est
d'autant plus vraisemblable, ajoute-t-il,
que la seconde Edition qu'il donna de
son Livre, ne différe en rien de la
premiére, qu'il avoit donnée vingt-cinq
ans auparavant, quoi qu'il soit naturel
d'imaginer, qu'un homme d'un génie
aussi vaste & aussi heureux, eût porté
bien plus loin ses découvertes, s'il a-
voit

voit continué à méditer sur les mêmes
objets.

A ces exemples, je pourrois ajouter
celui de feu M. Malet de l'Académie
Françoise, lequel après avoir su la
Langue Grecque, au point de pouvoir
la parler aussi facilement & aussi pu-
rement que la sienne, ce qui est tout
dire, l'avoit tellement oubliée, depuis
qu'il s'étoit entiérement livré aux affaires, que lors qu'il rencontroit un
mot Grec dans un Livre, il demeuroit
vis à vis ce mot, comme un Ane vis
à vis une borne, c'est l'expression dont
je l'ai entendu se servir.

C'est qu'il avoit laissé la Langue
Grécque, pour ne plus parler que celle des Finances, dans lesquelles il s'est
acquis plus de gloire encore par son
desintéressement, que par les connoissances qu'il en avoit, & dont le Livre
manuscrit qu'il a laissé, sera à jamais de
plus beau monument.

M. W. conclut de là deux choses : Com-
la première que nous avons établie ment on
d'abord, que l'on n'oublie les Scien- vient à
ces & les Langues, que parce qu'on oublier.
néglige de les cultiver, comme il con-
vien-

viendroit de le faire, si l'on veut en conferver la connoiffance.

§. 218.
Qu'il ne tient qu'à nous d'ou-blier.

La feconde, qu'il ne tient qu'à nous d'oublier ce que nous voulons oublier en effet ; car comme nous venons de dire, que nous oublions les chofes, dont nous ne reproduifons point les i-dées, & qu'il eft certain d'ailleurs, qu'il ne dépend que de nous de les re-produire, ou ne les pas reproduire, il doit s'enfuivre, qu'il dépend de nous d'oublier, comme de ne pas oublier.

Bien que je croye cette dernière propofition vraie en général, j'imagi-ne cependant qu'il faut fe defier de l'Imagination; on fait d'un côté l'é-troite liaifon, qui eft entre elle & la Mémoire, de l'autre qu'elle eft fujet-te à caution, & comme elle faifit avi-dement certains traits plaifants, ou malins qui nous frappent, & qu'elle nous les rappelle fouvent, lorfque nous y penfons le moins, il femble qu'elle prenne à tâche de les fauver auffi malgré nous, des furprifes de l'oubli, fi prompt d'ailleurs à gagner.

§. 219.
Etat d'incer-

Il eft encore une forte d'état, qui tient le milieu entre la Mémoire & l'Ou-

l'Oubli, & qui n'eſt à proprement par- titude &
ler, ni l'un ni l'autre : c'eſt cet état de doute
de doute & d'incertitude, où nous nous entre la
trouvons quelquefois à l'occaſion d'un Mémoi-
objet, que les Sens nous préſentent ; re & l'Oubli.
nous croyons bien le reconnoître, mais
nous craignons auſſi de nous tromper ;
parce qu'il nous ſemble, qu'il y a autant de raiſons pour, que contre, &
que celles qui nous déterminent à croire, ſont auſſi-tôt détruites par d'autres,
qui nous portent à douter.

Cet état n'eſt pas rare : nous avons
vû en allant ou en venant une perſonne, nous la retrouvons dans la ſuite ;
mais ſoit qu'en la voyant la premiére
fois, nous n'y euſſions pas fait grande
attention, ſoit qu'il y ait déja du tems ;
que nous l'avions vue, nous ne ſommes pas entiérement certains, ſi nous
l'avons vue en effet ; il nous ſemble à
la vérité que nous la connoiſſons, mais
nous n'oſerions pourtant l'aſſurer poſi-
tivement.

Pour mieux developper cet état de §. 220.
doute & d'incertitude, il eſt bon de & 221.
nous rappeller quelques-uns des princi- Principes, que nous avons déja établis ſur pes pour expli-
l'Imagination ; peut-être ſerviront-ils quer cet
à état.

à expliquer nos doutes & à les diſſi-
per.

1. Il faut commencer par diſtinguer ici deux idées, la premiére des
Sens qui nous repréſentent un objet que
nous avions déja vû ; la ſeconde de
l'Imagination, qui veut ſe rappeller
cet objet, & en reproduire l'idée.

2. Il faut ſe reſſouvenir que l'Imagination, de même que les Sens, ne
nous repréſentent point un objet ſim-
ple, nud, ſi l'on peut parler ainſi, &
iſolé; mais qu'ils nous le repréſentent
avec tout ce qui ſert à le diſtinguer,
& le plus ſouvent avec tous les alen-
tours qui l'accompagnent.

3. Que comme nos idées ſont en-
tretenues par l'habitude de les reproduire; elles ſe terniſſent & s'effacent
faute de cultiver cette habitude.

Venons maintenent à cet objet que
nous croyons reconnoître, mais que
nous n'oſons aſſûrer, que nous recon-
noiſſions en effet.

Lorſque les Sens nous repréſentent
un objet que nous avions déja vû,
l'Imagination toujours empreſſée, cherche auſſi-tôt parmi ſes idées, celle
qu'elle croit en avoir déja; mais cette
idée,

idée, ou qui n'a jamais été bien gravée chez elle, ou qu'elle n'a point reproduite depuis longtems, s'est toujours affoiblie de plus en plus, & est devenue obscure, & une idée obscure ne représente pas l'objet de manière qu'il puisse être aisément reconnu; delà, la raison de douter, si l'objet que l'Ame voit maintenant, est le même qu'elle avoit vû auparavant, & que lui retrace l'Imagination.

Toutefois comme l'Imagination ne se représente l'objet, qu'avec tout ce qui est dans cet objet, & avec les caractères, qui servent à le distinguer, ces caractères ne s'effaçant pas tous également en même tems, l'Ame saisit celui, dont l'idée lui est demeurée en entier, & ce seul caractère suffit, pour la porter à croire, qu'il n'est pas impossible, qu'elle ait déja vû cet objet; & de-là, l'opinion, où elle est, qu'elle l'a vû en effet.

Appliquons ces principes à d'autres situations de doute & d'incertitude, où nous nous trouvons quelquefois: nous retrouvons une personne, nous la reconnoissons; mais notre curiosité naturellement inquiète, n'est pas encore

J.

satisfaite, parce que nous ne saurions nous rappeller, où, & quand nous l'avons vûe : nous voyons une Plante étrangère ; nous nous rappellons bien le lieu, où nous croyons en avoir vu u-ne semblable ; mais nous ne saurions nous ressouvenir, si la Plante que nous y avons vûe, est en effet la même, que celle que nous voyons : voilà deux sortes de doutes différens, l'un sur le lieu, & l'autre sur la chose même.

§. 222. Pour expliquer ces doutes, qui ne différent qu'à quelques égards du pre-mier, reprenons encore nos principes & nos observations : nous avons vu que l'Imagination ne nous représente pas les objets isolés, mais qu'elle nous les représente avec tous les alen-tours, qui les accompagnent, & que ce n'est pas seulement cette personne, cette plante que l'Imagination s'est re-présentée, mais qu'elle s'est représen-té avec l'un & l'autre, l'Eglise, la promenade, la maison, où nous avons vu la personne ; & le jardin, où nous avons vu la plante : toutes ces choses jointes ensemble font une idée compo-sée, dont la chose, & ce qui l'entou-re, deviennent comme les idées par-tielles. Cela

Cela pofé, pour que l'Ame pût reconnoître l'objet avec la même clarté,
qu'elle l'avoit perçu d'abord, il faudroit que l'Imagination pût en reproduire l'idée, telle qu'elle étoit, lors de
cette première perception; c'eft-à-dire,
qu'elle pût repréfenter non feulement
l'objet avec ce qui le diftingue, mais
encore avec ce qui l'accompagnoit,
retracer enfin non feulement l'image
de la perfonne, mais encore celle de la
maifon, où elle l'a vue, & du tems où
elle l'a vue; mais de toutes ces idées
partielles qui forment cette idée
compofée dont nous venons de parler, il n'eft refté que celle de la perfonne, & toutes les autres, qui y
étoient jointes fe font évanouïes, &
quelque effort que faffe l'Ame, pour
fe rappeller le tems & le lieu, il ne fe
préfente à elle de l'un & de l'autre
qu'une idée obfcure, qui lui retrace
quelque chofe de fi général, qu'il lui
eft impoffible de reconnoître & de diftinguer le lieu en particulier, où les
chofes dont la fucceffion fert à nous
donner une notion du tems.

Reprenons maintenant le même
Syftême, dans les doutes qui ont pour
ob-

objet la chose même ; & nous nous
y retrouverons de la même maniére.
§ 223. Suppofons que de ce faifceau d'i-
224. & dées, qui formoient toutes enfemble
225. notre idée compofée, celle qui re-
préfentóit l'objet même, s'eft échap-
pée, & qu'il n'eft demeuré que celles, qui repréfentoient fes alentours ;
dans cette fuppofition nous compren-
drons fans peine, comment il arrive
que nous nous reffouvenons bien d'a-
voir vû dans un tel jardin précifé-
mènt une plante femblable à celle
que nous voyons, fans que nous puif-
fions être abfolument certains fi c'eft
en effet la même.

Voilà comment au moyen de tous
ces Châteaux d'idées, dont les unes
fubfiftent, & les autres s'éboulent,
nous pouvons expliquer tous ces états
d'incertitude, dont nous venons de
parler : L'Imagination que l'on fait
n'être point avare de fes peines, ne
ceffe d'élever continuellement de
ces Châteaux ; l'Oubli auffi capricieux
qu'elle, en renverfe tantôt un côté,
& tantôt l'autre, tantôt l'endroit principal, & tantôt celui qui n'étoit qu'ac-
ceffoire : Combien d'exemples de ces
cruels

cruels jeux de l'Oubli dans une autre
espèce, l'Histoire ne nous fournit-elle
pas ? On voit par-tout de magnifiques ruïnes, que l'Oubli semble n'a-
voir laissé subsister, que pour être autant de monumens de ce pouvoir
souverain, & presque arbitraire qu'il
exerce sur tout.

Quelqu'un dira peut-être, que l'on
pouvoit dire sans tant d'appareil, que
nos idées, faute d'être souvent répétées, s'obscurcissent, que lorsqu'elles
sont obscures, elles ne réprésentent
pas l'objet assez distinctement, pour
que l'Ame puisse le reconnoître, sans
crainte de se tromper, qu'entre plusieurs idées que l'Imagination réunit,
il y en a quelques-unes, qui pour
nous avoir frappé davantage, subsistent, tandis que les autres s'effacent,
& que cette différence est la seule
raison, qui fait que nous nous rappellons
tantôt un objet, sans pouvoir nous
rappeller ses circonstances, & tantôt
quelqu'une des circonstances, sans
pouvoir nous rappeller l'objet, & que
l'on pouvoit s'en tenir là, sans élever avec tant de frais tout ce Château d'idées : il est vrai que ce Château

teau ne dit rien de plus, que cette explication toute simple ; mais toutes ces dispositions, ces points de vue, ces perspectives occupent du terrain dans un Livre, & servent à en étendre le Volume, ce qui a quelquefois son avantage. Le moyen d'en faire un grand nombre de grands, si l'on ne s'écartoit jamais de cette simplicité.

§. 226. & 227.
Il est différent de dire qu'on a oublié une chose, ou qu'on ne s'en souvient pas.

Il y a bien de la différence entre dire qu'on a oublié une chose, & dire qu'on ne s'en souvient pas ; car dire qu'on l'a oubliée, c'est convenir qu'on l'a sue, qu'on en a eu l'idée, mais qu'on ne sauroit se la rappeller; ainsi l'on se souvient, qu'on a lû une Histoire, un Roman, & c'est souvent la seule idée qui en est demeurée, tandis, que toutes celles de l'Histoire ou du Roman se font effacées ; au lieu que nous ne nous servons guères de cette façon de parler, *je ne m'en souviens pas*, que pour faire entendre plus poliment, qu'il nous semble, que nous n'avons jamais eu d'idée de la chose, dont on nous parle. Il n'y a personne, qui ne voie que ces deux états de l'Ame font différents, & qu'on les distingue avec fondement.

Les

Les choses dont nous nous ressouvenons le mieux, ne paroissent guères différer de celles, qui sont ensevelies dans l'oubli; encore un exemple de la foire, c'est toujours M. W. qui nous le fournit.

Nous ne pensions pas plus à la foire, que, si nous l'avions entiérement & véritablement oubliée, mais nous venons à appercevoir une personne, que nous y avions rencontrée, nous entendons un mot qui y a rapport, cette personne, ce mot suffisent pour nous en rappeller tout le spectacle. *Un seul objet suffit pour nous en rappeller plusieurs.*

Il nous semble appercevoir encore cette foule d'allants & de venants que l'intérêt, le besoin ou la curiosité rassemblent de tant d'endroits en même tems, & les embarras continuellement renaissants que forme leur empressement ou leur lenteur; des essains de ce peuple répandu parmi tous les autres, & par tout isolé de ceux mêmes qui le souffrent, banni de la Société, qu'il n'a qu'avec lui-même, & admis dans le commerce qu'il fait avec tous, ne connoissant point à l'égard de ce commerce, de distinction, & les pi-

picorant tout. Des brigades chamarrées qui femblent avoir pris à tâche, malgré l'inftabilité de nos modes, de perpétuer celles de leurs ayeux; le cortège qui les accompagne ou les fuit auffi diverfement bigarré, des groupes de petits maîtres, mauvais finges des vrais, & finguliérement plaifants, par ce qu'ils voudroient en imiter.

§. 228. & 229. Difficulté que l'on trouve quelquefois à fe les rappeller.

Quelquefois les objets dont nous voudrions nous reffouvenir ne fe préfentent pas à nous immédiatement, & comme par eux-mêmes, & ce n'eft qu'à l'aide d'un autre, qui nous remet fur la voie, que nous nous les rappellons. Rendons la chofe plus claire par un exemple : L'on vient à nous parler d'une perfonne, l'on nous nomme la maifon où nous l'avons vue, les autres qui y étoient, nous ont dit l'endroit où elle fe trouvoit placée, nous ne pouvons encore nous en rappeller le fouvenir; cependant nous venons à faire l'examen de toutes ces perfonnes, & à repaffer fur les idées que nous avons eues en les voyant, & c'eft à l'occafion de l'une de ces idées, que nous

nous

nous rappellons enfin la perſonne dont il s'agit.

Voila un phénomène, qui ſemble d'abord & au premier coup d'œil ren-verſer tous les principes, que nous a-vons établis ſur l'Imagination & tant de fois rebattus; qu'elle ne repréſente pas l'objet ſeul, mais encore les objets qui l'entourent, & qui ont été perçus en même tems : cependant ſi nous examinons ce prétendu phénomène de près, & avec les circonſtances qui l'ac-compagnent, nous trouverons qu'il s'accorde en effet avec ces mêmes prin-cipes; car lorſqu'on dit, que l'Imagina-tion repréſente un objet, & ce qui l'en-toure, il faut ſuppoſer, que ces objets ſont liés les uns aux autres, qu'ils ſe tiennent, & qu'ils ont été perçus en-ſemble : or cela ne ſe trouve pas ici; car l'Ame, après avoir conſideré deux ou trois perſonnes, s'étoit arrêtée à quel-ques penſées, & ce n'eſt que de ces penſées, qu'elle eſt venue à la perſon- Expli-ne dont il s'agit ; l'idée de cette perſon- cation ne n'étoit donc pas jointe à l'idée des de cette autres, mais bien à ces penſées, à ces difficul-reflexions, auxquelles l'Ame s'étoit té. arrêtée, & l'Imagination en la retra-

K   çant

çant à la fuite de ces idées, l'a retracée comme elle avoit été perçue.

C'eſt que ce qui joint principalement les idées, ſont les actes refléchis de l'Ame, d'où il arrive que tous les objets que nous percevons enſemble, ne ſe tiennent pas tellement, qu'il doive s'enſuivre, que parce que l'Imagination repréſente l'idée de l'un, elle doive repréſenter les idées des autres, à moins qu'ils n'aient perçus enſemble à pluſieurs repriſes.

§. 230.
Ce que l'on appelle ſouvenir, ou reſſouvenir.

Cette faculté, ou cet acte, par lequel l'Ame reproduit, & reconnoît une idée paſſée, à l'aide & au moyen d'une autre, s'appelle *ſouvenir*, ou *reſſouvenir*.

L'exemple que nous venons de rapporter ſuffit pour nous faire connoître le ſeul art, ou moyen qu'il y a, de faciliter ce ſouvenir, ou reſſouvenir : il conſiſte à ſe rappeller les circonſtances du tems, du lieu, tout ce qui a rapport enfin à l'objet dont nous voulons nous retracer la mémoire ou l'idée.

On demande ce qu'étoit devenue cette idée, que nous voulons rappeller : Goclenius dans ſon Lexicon Philoſophique, dit qu'elle étoit perdue,

&

& qu'on la recouvre par le petit artifice, que nous venons de dire; M. W.
n'eſt pas de ſon avis, il prétend qu'elle n'étoit que cachée, & qu'ainſi tout
ſe borne à en faire la recherche : en
conſéquence il définit le ſouvenir, ou
reſſouvenir, dont nous parlons, la recherche d'une idée cachée.

CHAPITRE IX.

De l'Attention & de la Reflexion.

NOus avons vu, qu'il eſt des idées
que l'on nomme compoſées, &
d'autres partielles: parmi celles-ci, qui
forment l'idée compoſée, il en eſt
que nous ſentons, qu'il ne tient qu'à
nous, de nous repréſenter préférablement aux autres : nous voyons une perſonne; ſon viſage eſt compoſé des yeux,
de la bouche, du nez, du menton &c.
voila les idées partielles; or entre
toutes ces idées on ſent qu'il eſt en
notre pouvoir, de nous attacher à l'u-
ne,

Il dé-
pend de
nous de
nous, re-
préſen-
ter dans
un tout,
une par-
tie plu-
tôt que
l'autre.

K 2

ne, plutôt qu'à l'autre; aux yeux, ou au nez, par exemple, plutôt qu'au front ou à la bouche.

§. 234. *Par conféquent d'avoir une connoiffance plus diftincte de cette partie.* Lorfque nous nous attachons ainfi à une idée partielle par préférence aux autres, qui forment avec elle l'idée totale, nous éprouvons que nous en avons un fentiment plus vif & plus intime, qne nous ne l'avons des autres, & que nous connoiffons auffi plus diftinctement la chofe que cette idée repréfente; or ce fentiment plus vif & plus intime de l'idée, & cette connoiffance plus diftincte de la chofe qu'elle repréfente fuppofent évidemment une plus grande clarté.

§. 235. & 236. Reprenons maintenant; dans ce tas d'idées partielles, qui compofent l'idée totale, il dépend de nous, de nous attacher à l'une plutôt qu'à l'autre, nous ne faurions nous attâcher à cette idée partielle, que nous n'en aions un fentiment plus intime; nous ne faurions en avoir un fentiment plus intime, que nous n'en aions une idée plus claire; fi toutes ces raifons font bien enchaînées les unes aux autres, il s'enfuit, que, comme il dé-

dépend de nous, de nous attacher à une idée plutôt, qu'à une autre, il doit dépendre de nous à certains é-gards, d'avoir une idée plus ou moins claire.

On n'imagineroit peut-être pas, qu'il falloit faire tout ce chemin, pour en ve-nir à la définition de l'attention, & peut-être fera-t-on furpris de voir, que quoi que nous difions du pouvoir qui eft en nous de donner de la clarté à nos idées, on en trouvera peut-être encore moins dans la définition que dans la chofe à définir : mais c'eft un écueil inévita-ble, quand on s'eft impofé la néceffi-té de définir les chofes les plus fim-ples.

Quoiqu'il en foit,

L'attention, fuivant M. W. eft ce pouvoir, qu'a l'Ame de faire, que dans une idée compofée, l'idée partielle à laquelle elle s'attache, ait plus de clarté que les autres, qui font avec elle l'idée compofée.

Cette connoif-fance plus dif-tincte eft ce que l'on nomme atten-tion. §. 237.

Rendons cela plus fenfible encore par un exemple; vous voyez repréfenter une pièce de théatre, dont vous êtes enchanté, vous avez en même tems devant les yeux une foule d'autres ob-jets,

K 3

jets, qui peuvent les frapper, comme
les décorations, les loges, le parterre
en offrent un affez grand nombre de
cette nature; voila un tas d'idées partielles, qui font l'idée compofée du
fpectacle : comparez ces idées enfemble , vous verrez qu'elles n'ont pas
toutes le même dégré de clarté, & que
fi vous fentez que vous en avez une
bien diftincte & bien claire de la pièce,
comme on le fuppofe, vous ne l'avez
pas à beaucoup près de même des autres objets qui l'accompagnent ; or
cette clarté eft l'effet & le miracle de
l'attention, & pour vous en convaincre, examinez feulement la réponfe
que vous faites tout fimplement en de
pareilles circonftances, au cas que l'on
vienne à vous interrompre, & à vous
demander, fi vous n'avez pas vû, ou
fi vous ne voyez pas telle ou telle
perfonne ; quelle eft cette réponfe ?
que vous n'avez rien vû, que vous ne
voyez rien, &, que vous n'êtes occupé que de la pièce : rien ne fauroit mieux
juftifier la définition que nous venons
de donner de l'attention.

Il me fembleroit prefque à la façon
dont nous venons d'en parler, qu'elle
eft

eſt véritablement au pouvoir de l'A-
me; mais quoi que cela ſoit bien vrai
dans un ſens, il ne l'eſt pourtant pas Obſta-
univerſellement : car ſi l'attention eſt cles qui
un des plus grands biens, il a auſſi ſent à
le ſort des biens en général, qui eſt l'atten-
de rencontrer preſque toujours des tion.
obſtacles.

Si elle a pour objet des images
que lui retrace l'Imagination, on diroit que les Sens ont pris à tâche d'obſcurcir, & d'effacer ces images ; comme ſi elle prend pour ſon
objet les idées que lui offrent les
Sens, on croiroit que l'Imagination
veut uſer de repréſailles : enſorte que
l'attention attaquée continuellement
par ces deux tyrans, trouve d'autant
moins de calme & de repos, que ce
qui étoit ſon objet, devient tour à
tour ſon ennemi.

Mais entrons dans le détail, & pour
proceder avec plus d'ordre, diſtinguons avec ſoin ces deux différents
objets de notre attention, que nous
venons de marquer; les uns qui ſont
préſens, & affectent l'Ame par eux-
mêmes; c'eſt cette pièce de théatre :
les autres qui ſont abſens, mais que

K 4   l'I-

l'Imagination nous rend en quelque façon préfens; ce font fes images.

Nous commencerons d'abord par ces
derniers objets, auxquels il fera aifé
d'appliquer les principes que nous a-
vons établis fur l'Imagination.

§. 238. Suppofons, que vous vous rappelliez
De la l'idée d'un tableau que vous avez vû;
part des voilà un ouvrage de l'Imagination;
Sens. fuppofons en fecond lieu, que tandis
que vous en êtes occupé, un objet
préfent, une perfonne, un autre objet
vienne à vous frapper la vue; voilà l'i-
dée des Sens, dans la concurrence; &
comme le conflit de ces deux idées,
fuivant les Principes que nous avons
pofés, que les Senfations qui ont le
moins de force cèdent à celles qui en
ont davantage, que les idées de l'Imagination en équilibre avec les Senfations foibles, ont moins de force que
les idées des Sens, il doit arriver, &
l'on éprouve qu'il arrive en effet, que
l'attention que vous donniez à ce tableau s'affoiblit infenfiblement; que
l'idée que vous en aviez s'obfcurcit
même tellement, qu'il ne vous en refte quelquefois plus de fentiment: voilà l'inconvenient, dont nous venons
de

de parler, l'inconvénient, dis-je,
dans la circonstance où vous voudriez
ne donner d'attention qu'à votre tableau.

Comme nous nous contentons pour
développer la source de ce mal, de rappeller ici les principes établis sur l'Imagination, il suffira aussi pour y remedier
de nous rappeller aux précautions, que
nous avons indiquées alors : ce que
nous avons dit de ce mouvement naturel qui nous porte à fermer les yeux,
lorsque nous voulons nous rappeller à
l'Imagination un objet, qui semble
lui avoir échappé, doit être regardé
ici comme une leçon, comme une maxime : tous nos soins, si nous voulons
être attentifs aux objets que nous retrace l'Imagination, doivent tendre à
empêcher l'action des objets extérieurs
sur nos Sens, & sur-tout des objets
qui frappent la vue, dont nous avons
vu que la Sensation est plus vive &
plus forte, que ne le font les autres
Sensations.

Ce n'est sans doute que l'expérience
de ces impressions vives, que fait le
Sens de la Vue, & des inconvéniens que
causent ces impressions, qui porte un

§. 239.
& 240.
Remè-
des à ces
obsta-
cles.

grand

grand nombre de ceux qui parlent en public, ou à fermer entiérement les yeux, ou à leur interdire au moins la liberté de s'attacher à un objet fixe & déterminé : on dit que l'Oracle de la Chaire, le Pere Bourdaloue, ne put jamais prêcher que les yeux fermés.

M. W. remarque aussi, que l'on dit communément, que l'Aurore est amie des Muses, & ce qui a été dit ainsi dans leur langage, il l'explique ainsi dans le sien.

Ce n'est pas, dit-il, qu'il faille imaginer, que ce tems de l'Aurore soit en effet plus favorable aux Muses, qu'un autre, puisqu'on ne recevra pas plus alors leurs influences, que dans les autres momens du jour, si l'on est dans une chambre exposée au tumulte d'un marché, ou aux incommodités de la saison, à la rigueur de l'hyver, ou à la violence de la chaleur ; mais ce n'est, que parce que l'on n'éprouve encore rien alors de tout ce qui a coutume de nous distraire, que l'air plus calme & plus tranquille ne retentit point du bruit & des clameurs des hommes, que le corps plus frais & plus propre au travail n'a rien de cette pesan-

fanteur, que lui donne le milieu du
jour, qu'il femble enfin qu'il règne encore dans la Nature un doux repos,
affez femblable au filence de la nuit,
ce tems fi favorable à l'application,
que les Savans le préferent fouvent à
tous les autres.

Ce que l'Ame éprouve de la part **§. 241.**
des Senfations, lors qu'elle ne s'occu- **Obfta-**
pe que des idées, que lui retrace l'Ima- **cles de**
gination; elle l'éprouve de la part de **la part**
l'Imagination, lors qu'elle voudroit s'ap- **gination.**
pliquer aux idées que lui offrent les
Sens; il eft vrai que l'Imagination, vu
ce que nous avons dit de la foibleffe de
fes idées, fembleroit ne devoir pas ê-
tre uu ennemi fort à craindre : mais
prenons y garde, ce qu'elle ne pourroit faire en ne mettant en œuvre
qu'une ou deux de fes images, elle
vient à bout de l'exécuter en les réu-
niffant, ou pour mieux dire en les faifant fe fucceder avec une viteffe qui
furprend, & qui étourdit.

Joignons un exemple de M. W. il les
choifit ordinairement fenfibles, & à la
portée de ceux qu'il inftruit : c'eft un
homme qui a été dans une grande af-
femblée, qui s'eft trouvé à un grand

K 6   &

& magnifique repas, le lendemain il voudroit lire avec attention, écouter avec fruit un Sermon, mais son Imagination déclarée contre ces bons & beaux propos, semble avoir pris à tâche de les renverser, elle rassemble toutes ses forces, elle reproduit toutes les idées de la veille, & les retrace si vivement & si opiniâtrement, qu'elle enleve cet homme à lui-même, & à l'objet de son application. Que dire à ce prodige, sinon que l'Imagination peut faire, & fait en effet par la varieté & la continuité de ses images, tout ce que les Sens font par leur clarté?

§ 242. De la part des Sens & de l'Imagination en même tems.

Voilà des situations bien tristes : mais il en est encore une plus fâcheuse; c'est lors que ces deux ennemis, les Sens & l'Imagination, deja si fort à craindre séparément, viennent à agir de concert : rien n'est comparable à l'agitation qu'éprouve l'Ame dans ces circonstances; car comme les idées des Sens ont beaucoup de force & de clarté, qu'une des proprietés de l'Imagination, est d'y joindre tout ce qu'elle avoit vu auparavant d'objets liés avec ceux que lui présentent les Sens, ces derniers objets étant, comme on le supfuppofe, en grand nombre, les idées de l'Imagination doivent aller à l'infini, & tant d'objets & d'images, qui fe fuc- cèdent continuellement, & avec plus de viteffe, que les flots de la mer la plus agitée, ne fauroient que porter dans l'Ame le même trouble, & le même desordre qui les fait naître.

Tel eft le plus fouvent l'état de ces perfonnes, qui peu touchées d'un bien qu'elles ne connoiffent pas, & que mal- heureufement elles n'ont jamais été dans la néceffité de connoître, favent à peine ce que c'eft qu'attention; leur Ame toujours découverte reçoit l'im- preffion des moindres objets, qui viennent frapper les Sens, partagée par ces objets, & par tous les autres de la même efpèce, que l'Imagination multiplie, elle ne fait que paffer rapi- dement de l'un à l'autre, fans pouvoir s'appliquer à aucun, du moins avec quelque attention.

Il en eft d'autres au contraire fi fou- verainement maîtres au dedans d'eux- mêmes, qu'ils femblent en avoir ren- du toutes les approches inacceffibles aux mouvemens du dehors : tel fut M. de Montmort, dont M. W. rap-

§. 243. Diffé- rents de- grés, ou différen- tes efpè- ces d'at- tention.

porte à cette occasion, ce que M. de Fontenelle en a dit dans son Eloge... *Il ne craignoit pas les distractions en général; dans la même Chambre, où il travailloit aux problêmes les plus embarrassans, on jouoit du Clavecin, son fils couroit & le lutinoit, & les problêmes ne laissoient pas se résoudre.*

Nous venons de rapporter les deux extrémités; mais on peut dire qu'entre elles, il y a des différences & des degrés à l'infini, l'attention étant plus ou moins grande dans les uns, que dans les autres, & ne se trouvant la même en personne.

§. 244.   Il en est qui peuvent demeurer pendant longtems attachés constamment sur le même objet, sans le perdre de vue; tels sont sur-tout ces hommes que l'on peut dire être nés avec un goût décidé, & des talens marqués pour la Philosophie & les Mathématiques; entre lesquels M. W. cite un Clavius, un Wallis, Auteurs de ces Demonstrations si étendues, qu'il ose donner le défi aux plus hardis, d'en pouvoir lire attentivement une seule d'un bout à l'autre, & dire que celui qui soutiendroit cette épreuve, deviendroit lui-même

même à fes yeux un miracle d'attention & de patience.

Il en eft d'autres, qui après un affez
court intervalle d'application au même
fujet, la fentent expirer de maniére,
que quelque effort qu'ils faffent, ils ne
fauroient la ranimer; M. W. n'a pas
cru qu'il fût befoin de rapporter des
exemples de ceux-ci.

Les uns, fi pourtant l'on peut parler ainfi, tant les exemples en font
rares, peuvent donner leur attention
à plufieurs chofes à la fois; tel fut,
dit M. W., Céfar, de qui l'Hiftoire
remarque qu'il écrivoit & dictoit à
quatre Secrétaires en même tems, &
qu'il pouvoit dicter à fept, lors qu'il
n'écrivoit pas lui-même.

Les autres, & c'eft le plus grand
nombre, ne fauroient être attentifs
qu'à une feule chofe; & l'on peut dire même, que ce parti eft communément le plus fage: jusques là qu'il eft
paffé en proverbe, qu'en voulant s'appliquer à plufieurs chofes en même
tems, on n'en fait presque aucune
bien, & comme il convient.

Quelques-uns font tellement maîtres
de leur attention, qu'il peuvent l'ap-
pli-

§. 245.

§. 246.

pliquer à leur gré à quelque objet que ce soit; d'autres, comme si, au lieu de donner la loi à leur esprit, étoient forcés de la prendre de ses caprices, ne paroissent capables d'attention & d'application, que pour certaines choses, lesquelles sont même ordinairement de leur goût, & ne sauroient en avoir aucune, ou du moins ne peuvent en avoir qu'une légère, pour celles qui n'en sont point.

Car M. W. ne trouve d'autre raison de cette bisarrerie que le goût; & tout grand Philosophe qu'il est, il admet la maxime du Poëte, que nous suivons tous le plaisir qui nous mène: ainsi, dit-il, le Poëte ne sauroit être charmé que de ses Vers, le Géomètre que de ses Calculs Algébriques, & de ses Figures Géometriques, les Gens de Lettres en général, que de ce qui a rapport à l'objet de leurs études, & tous par une conséquence naturelle ne sauroient être attentifs qu'à cet objet de leur passion. C'est aussi à cette passion, qu'il attribue le peu de soin que les Savans ont ordinairement de leurs affaires domestiques, & de leur personne: ce qui a donné lieu à M. de Fontetenelle de dire en parlant de M. Leibnitz, qu'il depenſoit beaucoup en négligence.

Quelques-uns enfin ſont capables & dans l'habitude même, d'être toujours attentifs à toutes les choſes qu'ils voient, ou qu'ils ſont, tandis que d'autres comme emportés continuellement loin d'eux-mêmes par de continuelles diſtractions ſemblent ne pouvoir être captivés que par un ſeul objet, & qui eſt ordinairement l'objet favori : M. W. n'oublie pas de remarquer que cette attention conſtante & ſuivie eſt d'une grande utilité, & que cet état de diſſipation au contraire eſt d'un préjudice infini ; la leçon qu'il donne à cette occaſion aux femmes eſt d'un Philoſophe qui ne ménage pas les termes.

Voilà quelles ſont les principales, eſpèces ou ſortes d'atentions qu'a diſtingué M. W. Quelque différentes que ſoient entre elles toutes ces eſpèces, on y parvient par le même moyen, un exercice continuel & aſſidu ; car il ne faut pas croire, dit-il, que tous ces hommes fameux dont on vante la grande attention, un Céſar, un Clavius,

§. 248. Moyens d'acquérir toutes ces eſpèces d'attention.

vius , un Wallis , un Montmort
l'aient acquife autrement que par un
exercice conftant, & dont ils s'étoient
fait comme une habitude : on remarque d'Archimède & de M. Newton
qu'ils portoient continuellement & par-
tout avec eux - même cet efprit d'attention ; ce fût dans le bain, & à l'occafion du différent poids, qu'un différent corps a dans l'eau, qu'Archimède imagina le moyen de découvrir,
combien dans cette couronne d'or &
d'argent, qui avoit été apportée au
Roi Hieron, il y avoit de l'un & de
l'autre de ces deux métaux. M. Vol-
taire raconte que ce fût à la vue de
quelques fruits , qui tomboient d'un
arbre , que M. Newton s'étant laiffé aller à une méditation profonde
imagina fon grand Syftême de l'at-
traction ou de la gravitation.

§. 249.   Ainfi quelqu'un veut-il parvenir à
conferver fon attention dans le tumulte & dans le fracas, au milieu d'u-
né infinité d'objets, qui viennent frapper & diftraire les Sens? il y parviendra par l'exercice.

Defire-t-il acquérir la faculté de demeurer long-tems attaché, & comme
collé

collé sur le même objet? il l'acquerera
par l'exercice.

A-t-il l'ambition de pouvoir donner
son attention à plusieurs choses en
même tems, ou le desir vraiment lou-
able de pouvoir en être tellement maître, qu'il puisse la donner indifférem-
ment à tous les objets, quels qu'ils
soient, importans ou non, gracieux
ou desagréables? il n'arrivera à l'un &
à l'autre que par l'exercice.

Et comme Demosthène, lorsqu'on lui
demanda, quelle étoit la première, la feconde & la troisième qualité pour parvenir à l'Eloquence, répondit toujours
l'Action; ainsi M. W. si on lui demande
quels sont les moyens pour acquérir l'attention, répondra toujours l'exercice.

Cet exercice cependant demande encore, de même que la Mémoire, un certain art; puisqu'on ne sauroit guères se
flatter d'arriver brusquement à la perfection d'une de ces sortes d'attentions,
& que ce n'est que par degrés que l'on
y arrive.

Car pour acquérir la première, qui
est la faculté d'être attentif à son objet, au milieu même du bruit & du
fracas, il faut commencer, dit M. W.
par

par travailler dans les lieux, où les distractions ne soient pas encore fréquentes, ni les impressions vives, passer ensuite dans d'autres, où elles le seront davantage, & ainsi successivement, jusqu'à ce que l'attention entiérement fortifiée soit à l'épreuve des plus rudes assauts.

A l'exemple que nous avons déja rapporté de M. de Montmort, nous pouvons ajouter celui de M. Renaut; il est pris aussi des éloges de M. de Fontenelle : *ce qu'il y a de plus singulier*, dit cet illustre Académicien, *c'est que* (M. Renaut) *pensoit beaucoup, & passoit peu de tems dans son Cabinet & dans la retraitte; il pensoit d'ordinaire au milieu d'une conversation, dans une chambre pleine de monde, même chez des Dames : on se moquoit de sa rêverie & de ses distractions, & on ne laissoit pas en même tems de les respecter.*

Il est peu de personnes au reste, qui n'aient eu lieu d'éprouver en tout ou en partie la force de l'habitude, ou de l'exercice : car lors que du sein d'une campagne paisible, on s'est trouvé à passer dans le tumulte de la ville, d'un apparte-
ment

ment éloigné du fracas de la rue; dans
un autre qui y est exposé, on a pu
remarquer, que l'on sentoit bien d'a-
bord quelque difficulté à s'appliquer,
mais que l'on n'a pas été long-tems à
s'accoutumer à l'agitation de la ville,
ou au bruit de la rue, & que bientôt on n'y a pas fait plus d'attention,
qu'à la pendule qui est dans la chambre, & qu'il semble qu'on n'entende
pas le plus souvent sonner.

M. W. dit de lui-même, que quoi
que dans le commencement un mot dit
à l'oreille suffît pour le distraire, il é-
toit parvenu dans la suite à ne pouvoir l'être ni par le son des trompettes, ni par le bruit des tambours.

2. Pour apprendre à conserver long-
tems son attention au même objet, il
faut l'exercer d'abord à des démonstrations aisées, & à des calculs Algebriques, qui ne soient ni abstrus, ni longs;
passer ensuite à de plus difficiles, & en
suivant la même méthode ajouter toujours à la longueur & à la difficulté:
M. W. nous assûre que de cette maniére on en prend enfin l'habitude, &
il est persuadé que ce n'est qu'ainsi que
M. Varignon s'étoit faite celle de pou-

voir

voir continuer après fouper fon travail du jour avec une fi grande application, & une fi grande douceur, que
fouvent il étoit furpris par des cloches
qui lui annonçoient deux heures après
minuit, ravi de fe dire à lui-même, que
ce n'étoit pas la peine de fe coucher,
pour fe relever à quatre heures.

Nous avons cependant vû que M.
W. convient que le goût, & je ne fais
quelle inclination naturelle ont autant
contribué à former fes Clavius, & fes
Wallis, que l'habitude même.

§. 251.   3. Pour parvenir à pouvoir donner
fon attention à plufieurs chofes en
même tems, & le faire pourtant avec
autant d'exactitude, que fi l'on n'é-
toit occupé que d'une feule, pour fe
former à pouvoir écrire, par exemple,
plufieurs Lettres à la fois, comme faifoit Céfar, M. W. eft d'avis que l'on
commence par tâcher d'en dicter deux
en même tems, & lorfqu'on en eft
venu là, il veut que l'on monte à trois,
à quatre, à cinq jufqu'à ce qu'enfin l'on
ne fente que l'efprit ne fauroit aller au
de-là.

Il eft encore perfuadé que ce n'eft
que par cet artifice, que Céfar eft par-
ve-

venu à pouvoir dicter sept Lettres à la
fois ; & ce qui le porte à le croire ;
c'est que dans le siècle, ou vivoit César, les gens de sa condition s'exer-
çoient à cultiver la Mémoire artificielle & l'Eloquence, & qu'il voit un très-
grand rapport entre les exercices, par
lesquels on acquièrt la Mémoire artificielle, & ceux par lesquels on parvient
à l'attention, ensorte que le passage de
l'un à l'autre lui paroît aisé : il imagine
d'ailleurs que le genre de vie ; que sui-
vit César, & les circonstances où il se
trouva l'obligeoient à penser à plusieurs
choses à la fois, & qu'il a bien pû se
faire, que César ait acquis ce degré
d'attention, sans avoir songé à l'acquerir ; comme il est arrivé quelquefois,
que des hommes sont tombés par hazard sur quelques exercices, qui leur
facilitent l'acquisition de certaines ha-
bitudes, auxquelles les autres hommes
ne viennent qu'avec beaucoup de travail & de peine.

La fidélité qu'on doit à un Auteur,
dont on a entrepris de donner les sentimens, & un Auteur respectable de tout
point, comme l'est M. W. ne m'a pas
permis d'omettre ces réflexions; quel-
quelqu'un

qu'un dira peut-être qu'elles font de celles qui fervent à confoler les ignorants, lefquels appellent fimplement & à leur maniére, force de génie, ce qu'un grand Philofophe appelle prodige d'attention, & effet admirable de la Mémoire artificielle.

§.252. & 253. 4. Pour en venir jufqu'à pouvoir donner fon attention à tous les objets, fans diftinction de beaux ou de laids, d'amufans ou de defagréables, il eft bon, dit M. W. de préfenter fucceffivement à fon efprit toute forte d'objets, & d'en prendre même parmi ceux qui le rebutent, afin de vaincre encore mieux fon indocilité ; par-là il arrive, que comme on accoutume un cheval ombrageux ; à voir de près, & à fouffrir les objets, qui l'effaroient le plus, en le forçant de s'en approcher, & en l'y tenant quelque tems attaché, on accoutumera ainfi fon attention à fe plier à toute forte d'objets, quels qu'ils foient, & à oublier cette fantaifie qui le porte à donner une injufte préférence aux uns fur les autres.

§. 254. Tous fe réduifent à l'e er-cice. Il faut bien remarquer au refte, que tous ces grands & fublimes degrés de l'attention ne s'acquierent & ne fe con-fer-

servent que par un exercice continuel : car que cet exercice vienne à
être interrompu pendant quelque tems,
c'en est fait ; tout ce bâtiment qui avoit
coûté tant de peines & de tems à élever , s'éboule , & il faut commencer
sur nouveaux frais. M. W. a éprouvé
lui-même , que bien qu'accoutumé à
pouvoir étudier parmi le bruit des
Tambours & des Trompettes , & tout
ce qu'on appelle la Musique des Regi-
mens , il avoit perdu tout le fruit de
ses premiers exercices, dès qu'il se fut
accoûtumé à ne travailler que dans un
Cabinet écarté, que son attention étoit
devenue de nouveau si délicate , & son
esprit si sensible , qu'un soufle, un rien
lui enlevoient l'un & l'autre, tant le
Philosophe même est fragile, & a besoin d'être étaïé.

Une grande passion croit appercevoir
par-tout ce qui en est l'objet : M. W.
porte sa vue au de-là des Mers, & des
siècles dont les Annales nous sont connues, pour y chercher dans Confucius Exem-
un exemple de cette quatrième espèce ples d'at-
d'attention que nous venons de remar- tention.
quer, un Philosophe qui vivoit il y a 2296.
ans dans un Païs éloigné de trois mille
L

lieues

lieues de nous a de grands titres pour
devenir notre modèle, & nous
inſtruire. M. W. remarque de lui
qu'il ne ſut jamais mettre de la
différence en fait d'attention entre les
choſes importantes, & celles qui ne le
ſont pas, & que dans la crainte qu'elle
ne lui échappât dans celles-là, il s'étoit
accoûtumé à la donner également à
celles-ci : une conduite ſi précaution-
née, ajoûte notre Auteur, ne pouvoit
être, que l'effet d'une raiſon ſuffiſante,
dont ce Chef des Lettrés & des Philo-
ſophes de la Chine avoit apperçu la
lumiére, long tems avant qu'elle fût
découverte ſur notre Hémiſphère.

Il finit en diſant, que l'on en trouvera la preuve dans une note qui ſert
d'éclairciſſement à la harangue, qu'il a
faite ſur la Morale des Chinois, & dont
on a ſi mal reconnu le prix.

Mais ſans aller chercher dans des
Païs & des ſiècles reculés un exemple
de cette attention, j'ai crû que l'on me
permettroit d'en citer un, dont je de-
vins l'admirateur, auſſi-tôt que le té-
moin; ceux qui l'ont vû, comme moi
jugeront, que ſi j'ai voulu être fidèle
à la reconnoiſſance, je ne l'ai pas été
moins à la Vérité. For-

Formé fans peine dès l'âge le plus tendre à l'attention, feu M. de B. nous fit feulement douter, fi elle étoit en lui un don de la Nature même, ou une habitude, qu'il ne dût qu'à l'exercice.

Nous avons fu de ceux qui l'avoient connu dans fon enfance, que dès qu'il commença à penfer, il fe porta fi naturellement à l'attention, qu'il ne parut pas avoir befoin d'en faire l'apprentiffage, & nous l'avons vû pendant fa vie fi fcrupuleufement exact à la conferver en tout, que quand il ne feroit pas né avec elle, l'exercice qu'il en fit, auroit pu en faire en lui une feconde nature, difficile à diftinguer de la première.

Cette exactitude à porter par-tout le même efprit d'attention naiffoit d'une autre vertu qui étoit en lui au fouverain dégré, l'amour du devoir; comme le devoir fût toujours la règle de fes inclinations, il ne vît rien dans les grands emplois où le portèrent fa naiffance & fon mérite, que fous cette forme, & rien dès-lors qui ne lui parût mériter toute fon étude & fon application: Auffi l'avons-nous vu

L 2 dif-

discuter les petits détails de la discipli-
ne dans le Corps distingué qu'il com-
mandoit, & maintenir les moindres
prérogatives de la Nation, à la tête
de laquelle sa place le mettoit, avec
la même attention, qu'il avoit traité les affaires les plus importantes
du Roi, dans les différentes Cours, où
il avoit été employé.

Ce même ordre s'étendoit à toutes
les actions de sa vie privée, chacune y
étoit rappellée, ou pour mieux dire,
sembloit s'y ranger d'elle-même; c'é-
toit un Cercle souvent différent, par
les différents devoirs, que lui imposoit
son état, mais toujours le même par
l'esprit qu'on y voyoit.

Rien ne marquoit mieux combien
cet amour de l'ordre étoit profondé-
ment imprimé au naturel en lui, que
cette douceur toujours égale, & cette tranquillité si sage, qui ne le quit-
toit point au milieu des embarras inséparables de sa place. Les différentes affaires, qui se succedoient continuellement, & qui se croisoient souvent, ne l'altérerent jamais, & l'attention qu'il auroit préferé de donner à
un travail suivi, fut toujours subor-
don-

donnée à celle qu'il eût fur lui-même.

Il nous fourniroit de la même maniére des exemples de toutes les autres vertus, fi c'étoit ici le lieu d'en
parler; il les réuniffoit en lui, & on
n'aura pas de peine à comprendre que mifes en œuvre par un jugement fupérieur, une attention
conftante, & accompagnée de cette
douceur inalterable, qui eft elle-même la plus grande des vertus, elles
dûrent paroître en lui dans le plus
grand éclat, lui concilier l'eftime & la
confiance des plus grands Princes,
l'amour & le refpect de ceux qui eu-
rent le bonheur de le voir, & de vi-
vre avec lui plus familiérement, lui
mériter enfin le regret de tous ceux
qui le connurent: ce que j'ai fouvent
eu lieu de voir, de la tendre reconnoiffance que l'on conferve pour lui
dans fa famille, m'eft une preuve,
qu'il eft des fentimens, qui égalent
les pertes, qui en font l'objet.

Revenons maintenant à l'attention
ordinaire; car celle dont nous venons
de donner un fi bel exemple, n'eft
que le partage de ces Ames nées avec

L 3   les

les plus heureuſes diſpoſitions de la Nature, ou douées du courage le plus
héroïque.

§. 256.   Quelque difficulté qu'ait encore cette attention ordinaire, il eſt pourtant
vrai de dire que nous en ſommes à bien
des égards les maîtres, & que nous ſentons, comme nous l'avons déja dit,
qu'il ne tient qu'à nous de la porter
ſucceſſivement à toutes les parties, par
exemple, qui compoſent un tout.

Nous avons devant les yeux un arbre, nous ſentons que nous pouvons
en conſiderer ſucceſſivement le tronc,
les branches, les feuilles ſeules ; que
nous pouvons la porter ſucceſſivement
de même à la figure, au contour de
ces feuilles, à la couleur dont elles
ſont teintes, au pied qui les ſoutient,
& s'étend dans toute leur longueur,
aux rameaux ſubtils, qui partent de
tous les côtés de ce pied, pour former un tiſſu, & à la matiére qui rem-
plit les intervalles de ce tiſſu.

§. 257.
Défini-
tion de
la réfle-
xion.

Cette attention portée ainſi ſuccef-
ſivement à toutes les parties d'un
tout, eſt ce que l'on nomme refléxion, & comme nous venons de voir,
que nous ſommes maîtres d'appliquer
no-

notre attention à toutes les parties
d'un objet, il s'enfuit aussi de-là,
que nous fommes maîtres de notre
réflexion.

Le premier effet de cette réfle- §. 258.
xion, est de nous faire appercevoir Ses ef-
la différence qu'il y a de chaque par- fets.
tie d'un objet à une autre partie, &
de toutes les parties au tout même.
Reprenons notre exemple de l'arbre;
lorfque nous réfléchissons fur un arbre, nous portons fuccessivement,
comme nous venons de le dire, notre
attention fur le tronc, fur les branches, fur les feuilles; lorfque nous la
portons fur le tronc, par exemple,
nous fentons que nous en avons une
idée plus claire, que nous ne l'avons
des branches, ou des feuilles ensemble; il en est de même de chacune de
ces parties, à mefure qu'elle devient
l'objet de cette attention; nous fentons
par conféquent, que nous voyons plus
clairement, que l'idée de d'une est différente de l'idée de l'autre, & ne fauroit lui
être fubstituée, que l'idée de ce tronc n'est
point celle de la feuille, & ainsi des autres;
& enfin que l'idée de chacune de cès
parties n'est point celle du tout. Une dé-

L 4   cou-

couverte de cette nature, fuffit fans doute pour nous payer de bien des réflexions.

Le fecond effet eft la comparaifon : §.259. puifque l'Ame en comparant deux ou plufieurs objets, ne fait autre chofe qu'appliquer fon attention d'abord à chacun de ces objets féparément, enfuite à tous les deux en même tems, s'il n'y en a que deux, ou à plufieurs, s'il s'agit de faire la comparaifon entre plufieurs; enforte que la comparaifon n'eft autre chofe, que l'attention portée à chacun des objets féparément, & à tous enfemble.

Il eft bon de remarquer cependant que dans ce paffage rapide & continuel de l'Ame, d'un objet à l'autre pour les comparer, il faut néceffairement que la Mémoire foit pour quelque chofe, & fe joigne à l'Imagination : ce qui fait que cet acte, par lequel l'Ame compare un objet à un autre, fuppofe plufieurs opérations, qu'il n'eft pas étonnant, dit M. W., que l'on n'ait pas exactement débrouillé.

§. 260. On peut même dire que la réflexion Elle eft déja en quelque façon une compafuppofe raifon ; car lorfque nous refléchiffons & eft el- fur l'objet de notre perception, nous le-même
por-

portons fucceffivement, ainfi que nous une for-
venons de le dire, notre attention à te de
tout ce qui eft dans cet objet, ou qui compa-
s'y rapporte, nous fentons qu'une par-raifon.
tie n'eft pas l'autre, que les parties ne
font pas le tout; or ces actes fuppofent une comparaifon, ou font eux-
mêmes une comparaifon : & c'eft pour
cela que M. W. appelle en cet endroit la
comparaifon une efpèce de la refléxion.

Les mêmes raifons qui prouvent que §. 261.
l'Ame peut refléchir fur les objets Elle
extérieurs, fervent à prouver qu'elle peut a-
peut refléchir auffi fur elle-même & objet
fur fes actes; car fi refléchir n'eft au- l'Ame
tre chofe, comme nous venons de le même.
voir, que porter fucceffivement fon
attention fur les differentes parties qui
compofent un objet fenfible; les idées
partielles étant à l'égard de l'idée totale ce que font à l'égard d'un objet
fenfible les parties dont il eft compofé, qui empêche que l'Ame ne dé-
compofe la perception totale, ne donne fucceffivement fon attention aux
idées partielles, dont elle eft formée,
& qu'au moyen de cette attention, elle ne fe rende chacune de ces idées
plus claire & plus fenfible?

Cet-

§. 262.
Elle n'a
point, ou
presque
point de
lieu dans
les En-
fans.

Cette sorte d'acte qui forme la reflexion n'a point lieu dans les enfans, & souvent même ne l'a guères plus dans certaines personnes, qui bien que dans un âge à réfléchir, ne réfléchissent pas infiniment, ni sur les objets qui se présentent à elles, ni sur leurs actions.

La réflexion qui a pour objet l'Ame & les actes de l'Ame, demande, dit M. W., beaucoup d'addresse & de subtilité; & de là vient, ajoute-t-il, que beaucoup de Philosophes même n'ont pas fait de grands progrès dans la connoissance de l'Ame. L'on ne soupçonnera pas qu'il soit du nombre de ceux qui prouvent encore par l'inutilité de leurs efforts la difficulté de la matiére.

§. 263.
264. 265.
Moyens
de l'ac-
quérir.

Tout ce que nous avons dit de l'attention, revient sur la réflexion : ce sont des deux côtés les mêmes obstacles à surmonter, Sensations fortes, & succession importune d'images reproduites par l'Imagination : ce sont aussi les mêmes moyens, ou pour mieux dire, tout se réduit à un seul, l'exercice, qui nous donne enfin l'habitude de réfléchir sur tout ce qui se présensente à nous, & sur toutes nos actions.

La réflexion n'étant que l'attention
portée successivement à toutes les parties d'un objet, ou d'une idée, il nous
est facile de voir, que tout ce qui
contribue à conserver ou à détruire
l'une, doit contribuer de même à conserver ou à détruire l'autre.

CHAPITRE X.

*De l'Entendement en général, & des
différentes sortes de connoissance.*

IL n'est point de bien sans mêlange,
& l'Entendement le plus précieux
de tous, cette faculté si noble, qui
nous éleve au dessus de tous les Etres
sensibles, porte avec soi une marque de
foiblesse bien propre à nous humilier;
tandis que comme l'œil, il nous fait à
connoître toutes les autres choses, il
ne se connoît pas lui-même, dit M.
Locke, c'est pourquoi, ajoute ce savant Auteur, il faut de l'art & des
soins pour le placer à une certaine distance, & faire enforte qu'il devien-

L 6   ne

ne l'objet de ses propres contempla-
tions.

On ne sauroit disconvenir que M.
W. n'ait suivi cette Méthode; ce n'est
que par des sentiers coupés de détours,
que l'on arrive au point de vue, d'où
il nous fait appercevoir l'Entendement; suivons-le dans tous ces replis;
heureux si après les avoir parcourus,
nous parvenons à voir clairement l'objet de nos recherches.

§. 266.
La re-
fléxion
nous fait
apperce-
voir dis-
tincte-
ment les
objets.

Outre les deux effets, les deux a-
vantages que nous avons remarqué que
produit la refléxion, il en est un plus
considérable encore; c'est de nous faire appercevoir distinctement un objet,
ou pour tout dire en un mot, de nous
en donner cette idée si parfaite, que
l'on nomme idée distincte : car si la
refléxion consiste à examiner, comme
nous l'avons dit, les parties d'un objet,
la différence des parties entre elles, &
la différence de ces mêmes parties au
tout, & à porter son attention sur chacune de ces choses successivement, que
peut-il y avoir de plus propre à nous
donner une idée distincte ? puisque
l'idée distincte n'est elle-même que la
représentation d'un objet avec toutes

les

les parties qui le composent. Le moyen donc de parvenir à l'idée distincte
est de refléchir, comme le moyen
d'acquérir plusieurs idées distinctes est
de refléchir beaucoup.

§.267.

De la même maniére, la comparaison, que la refléxion nous met à portée
de faire entre deux objets présens, ou
entre deux autres, dont l'un est présent à nos Sens, & l'autre ne l'est qu'à
la Mémoire, est le moyen le plus propre pour acquérir les Idées univerfelles
du genre & de l'espèce; car en comparant ainsi ces objets, nous décou-
vrons, ce qu'il y a en eux de femblable
& ce qu'il y a de différent; or cette
reffemblance, si elle est entre les individus, est ce qui constitue l'espèce;
comme si elle est entre les espèces,
elle constitue les genres; & voilà les
premiéres Idées univerfelles. Pourquoi disons-nous en effet que Pierre &
Paul sont deux individus de la même
espèce, si ce n'est parce que nous
remarquons dans l'un & dans l'autre
des rapports qui leur sont communs?
que l'homme & la bête sont du même genre, si ce n'est parce qu'ils conviennent en certains attributs? nous

§.268.

Par
consé-
quent ce
qu'ils
ont de
femblab-
ble ou
de diffé-
rent.

Ce qui
forme
les Idées
univer-
felles.

L 7

di-

dirons dans la suite comment se font ces Idées universelles d'espèce & de genre.

§. 269. 270.
Les mots en font les signes arbitraires.

Pour les distinguer, de même que les Individus, nous employons des sons articulés, lesquels en deviennent les signes; puisque nous voyons en effet, qu'en entendant articuler l'un de ces sons, nous nous formons aussi-tôt l'idée de l'espèce, si c'est un son articulé qui marque quelque chose de général, comme celui de Chien, ou l'idée de l'individu, si c'est un son articulé qui marque un être singulier, comme celui de Briffaut.

§. 271.
On voit que ces sons articulés ne font autre chose que les mots, dont nous nous servons, pour faire connoître aux autres nos Idées, ou les choses qui en font les objets.

§. 272.
Comme leur institution est arbitraire, rien n'empêche qu'on ne leur donne une signification entiérement opposée à celle qu'ils ont, ou qu'on n'attribue différentes significations au même, ou enfin que la même chose ne puisse être marquée & désignée par différents mots ou différents signes.

La

La propriété des mots est de rappeller à l'esprit l'idée des choses auxquelles ils sont adaptés ; & cela est
conforme aux loix établies sur l'Imagination & sur la Mémoire : Car comme nous avons vu, que quand il nous
est arrivé de percevoir souvent deux
objets ensemble, l'Ame dans la suite
ne sauroit percevoir l'un, que l'Imagination ne reproduise aussi-tôt l'image de l'autre, de la même maniére,
lorsque nous avons souvent perçu en
même tems & le mot & la chose à
laquelle il est appliqué, il arrive que
dès que nous percevons le mot, l'I-
magination se retrace l'image de la
chose, & dès que nous percevons la
chose, l'Imagination reproduit l'idée
du mot & de sa signification. Dans
tous ces cas la Mémoire fait son
office, qui consiste à reconnoître toutes ces idées.

§. 273.
Leur
usage est
de nous
rappeller
à l'esprit
l'idée
des cho-
ses.

Arrêtons-nous ici comme au point
de vue, d'où l'on peut appercevoir
l'Entendement ; mais pour voir plus
distinctement la liaison qu'il peut a-
voir avec ce que nous venons de dire,
il sera bon de retourner sur nos pas,

§. 275.

en

en remontant à l'endroit d'où nous sommes partis.

Les mots ou les sons articulés, comme étant en trop petit nombre pour marquer les Individus, sont le plus souvent les signes des Idées universelles du genre & de l'espèce; ces Idées universelles formées par la ressemblance des Individus ou des Espèces supposent une comparaison des objets qui sont semblables par quelques-uns de leurs attributs; & cette comparaison une connoissance distincte de tout ce qui est dans les objets de leurs parties, de la différence de ces parties entre elles, & de ces mêmes parties au tout.

Or la faculté par laquelle on a cette connoissance distincte, s'appelle Entendement.

Définition de l'Entendement, & raisons de cette définition.

L'Entendement est donc une faculté de représenter distinctement les choses.

Mais pour mieux entendre cette définition, & les raisons de cette définition, il est bon de faire ici quelques remarques.

Si nous faisons attention aux choses qui nous sont représentées, & à la maniére

niére dont elles nous sont représentées,
nous remarquerons 1. que ces choses
sont présentes ou absentes, 2. qu'elles
nous sont représentées ou confusément
par des images que l'Ame se fait de
ces choses, ou distinctement par l'analyse qu'elle en fait, en distinguant les
parties dont elles sont composées.

De cette première distinction, il resulte qu'il y a en nous deux facultés
différentes, l'une qui sert à représenter les choses présentes, ce sont les
Sens, & l'autre qui nous rappelle &
nous retrace celles qui sont absentes,
c'est l'Imagination.

3. De la différente maniére dont
les choses nous sont représentées, il
s'ensuit, qu'outre ces deux facultés que
nous venons de voir être en nous, il
doit encore y en avoir une troisième.
Car prenons bien garde que ces deux
facultés dont nous avons parlé, ne
nous représentent que tel ou tel objet en particulier, & ne le représentent que confusément; mes Sens, mon
Imagination me représentent bien un
objet présent ou absent, une Plante ou
une Fleur avec toutes les parties qui
les composent, mais voilà leurs bornes:

nes : car s'il faut diſtinguer dans cette plante, cette fleur, les caractères qui les diſtinguent, & qui conſtituent telle ou telle eſpèce de plante ou de fleur, ces facultés ne ſauroient aller juſques-là, comme nous le voyons dans les enfans ; il en falloit donc une troiſième, qui ſaiſit dans chaque objet, les caractères communs & diſtinctifs, & formât par-là des idées générales & univerſelles, & cette troiſième eſt l'Entendement, auquel ſeul il appartient par conſéquent de nous repréſenter diſtinctement les objets.

C'eſt cette faculté que nous avons nommée §. 55. ſupérieure, & qui forme les idées & les notions diſtinctes.

§. 276. 277.

Les différentes eſpèces d'Entendement.

Je ne ſai pas trop ſi l'on dit un grand Entendement, mais en le ſuppoſant ainſi, nous dirons avec M. W. qu'un grand Entendement eſt celui qui peut ſe repréſenter un plus grand nombre d'objets, ou diſtinguer plus de choſes dans le même objet ; enſorte que la grandeur de l'Entendement ſe prend du plus grand nombre des objets, qu'il embraſſe, ou du plus grand nombre de choſes ou d'attributs qu'il con-

connoit & qu'il diftingue dans le même objet. Dans la premiére de ces
qualités on ne confidère que les chofes qui font repréfentées, & dans la
feconde, que la maniére dont elles le
font.

L'Entendement le plus parfait, §. 278.
qu'on puiffe concevoir, eft celui qui Enten-
peut fe repréfenter diftinctement tous dement
les êtres, & les façons d'être poffibles; le plus
tel eft l'Entendement de Dieu; il voit non parfait.
feulement tous les objets poffibles,
mais encore tous les attributs, les rapports, & les combinaifons poffibles de
ces objets.

Le nôtre eft borné, & quant au §. 279,
nombre des objets, & quant à la ma- Le nôtre
niére de fe les repréfenter; nous fen- eft bor-
tons que nous ne connoiffons que peu né.
d'objets dans le grand nombre de ceux
qui font poffibles, & que nous ne connoiffons que quelques faces de ces objets.

Tout ce que nous pouvons diftinguer §. 280,
dans un objet, nous pouvons auffi l'expli- 281.
quer par quelque terme. Ce n'eft pas qu'il Tout ce
y ait des noms pour toutes les chofes que nous
en particulier; il feroit impoffible de diftin-
former des idées diftinctes de chaque guons
hom- dans un
objet.

nous pouvons l'expliquer.

homme, de chaque feuille, par exemple, & de les désigner par des noms, qui leur fussent propres, & quand il seroit possible, qu'on imaginât tous ces noms, il seroit toujours vrai de dire, qu'ils seroient inintelligibles à tous ceux qui ne connoîtroient pas ces mêmes choses, & s'en trouveroit-il deux qui les connussent? Cette remarque est de M. Locke.

Par les Idées universelles.

Mais à ces noms particuliers, qui n'auroient servi qu'à porter la confusion parmi les hommes, la nécessité & la raison nous ont appris à substituer des termes généraux, qui mettent l'ordre dans nos idées, & en rendent l'intelligence facile aux autres, ce qui est le but de la parole : au moyen de ces termes, qui sont des signes des idées universelles, l'Univers prend une nouvelle forme à nos yeux, le cahos qui l'enveloppoit se dissipe, toutes les parties qui formoient ce cahos se séparent & se partagent en différentes classes, les Individus qui se ressemblent composent une même espèce, que nous nommons d'un seul nom, & le rapport ou la ressemblance de certains attributs communs

aux

aux différentes espèces forme le genre qui est plus étendu.

Quelquefois nous plaçant dans l'endroit le plus élevé, & contemplant de là cet immense Univers, nous osons porter nos regards sur tout ce qu'il en enferme, & au de-là même de sa vaste étendue, appeller, s'il est permis de parler ainsi, ce qui est, & ce qui n'est pas du même nom d'Etre, & renfermer dans cette seule idée l'Auteur du Monde, le Monde & tous ceux qui sont possibles; au dessous de cette idée nous appercevons les Substances & les Corps, leurs différences, & le partage qui s'en fait pour former cet Univers spirituel & visible : spectacle dont l'universalité nous enlève autant au-dessus de nous-mêmes, qu'il est au-dessus de notre foiblesse.

Et ce qui n'est pas moins digne de notre admiration, ce caractère d'universalité, qui embrasse un nombre infini d'objets, nous ne le donnons point à nos idées en y ajoutant, mais simplement en leur ôtant, ce qui peut les déterminer à telle ou telle existence particuliére : Car quelle différence y a-t-il entre les idées que nous

a-

avons de Pierre ou de Jacques, qui
font deux individus, & celle que nous
avons de l'Homme qui eſt l'eſpèce,
entre les idées que nous avons du
Bateleur ou du Singe de la foire,
qui font deux eſpèces différentes,
& celles que nous avons d'Animal,
qui eſt le genre, ſi ce n'eſt parce
que nous écartons les idées particuliéres qui diſtinguent Pierre & Jacques, le Bateleur ou le Singe, pour
ne retenir que celles qui leur font
communes, & dans leſquelles ces Idées
particuliéres d'Individus, ou d'Eſpèces conviennent.

Que for-
me l'ab-
ſtraction.

Cette maniére de conſidérer & de
connoître les objets, s'appelle abſtraction, du mot Latin, *abſtrahere*, qui
veut dire ôter, parce que nous ne faiſons
en effet, qu'ôter à l'idée ce qui la détermine à repréſenter tel ou tel objet
particulier.

§ 282.   Cette ſorte de connoiſſance par abſtraction nous eſt ordinaire & familiére;
car lorſque nous parlons des hommes
en général, de leurs vertus, la juſtice,
la bonne foi, la ſincerité, l'humanité,
la douceur, de leurs vices, l'injuſtice,
la perfidie, l'artifice, l'hypocriſie, la
du-

dureté, la cruauté, que faisons-nous sinon séparer certains attributs du sujet, où ils sont, & les considérer, comme s'ils en étoient en effet separés?

C'est de cette maniére que nous formons les Espèces, & les Génres dont nous parlons, en separant, & en considerant comme separés des Individus & des Espèces les attributs qui y sont toûjours les mêmes, ou que nous concevons comme pouvant y être les mêmes, cette opération de notre Esprit embrassant jusqu'à la possibilité des modes. §. 283.

Si cette connoissance par abstraction marque d'un côté la foiblesse de notre Esprit, qui ne peut connoître les choses composées, qu'en les separant, on peut dire de l'autre qu'elle l'aide à former des idées plus claires & plus distinctes; puisque cette espèce de connoissance suppose de l'attention à distinguer les parties d'un objet, & de la réflexion sur ces parties ainsi distinguées & separées, qualités qui font l'idée distincte. §. 284. Comment cette abstraction rend nos idées claires & distinctes.

Elle aide de même à conserver le souvenir des objets, puisque nous l'avons vû, que l'on retient plus aisément Et nous aide par la même à les retenir. §. 285.

ment ceux que l'on a perçus distinctement.

A voir la vitesse & la facilité avec
laquelle l'Ame saisit ces idées universelles d'Espèce ou de Genre, on n'i-
magineroit pas que cette opération si
simple en apparence en suppose tant
d'autres : rien n'est cependant plus
vrai, puisqu'outre les Sens ou l'Imagination qui représentent les objets
présens ou absens, & la Mémoire
qui reconnoît ces objets pour en faire la comparaison, elle exige l'attention à distinguer les parties ou attributs de ces objets, la réflexion sur
ces mêmes parties ou attributs, &
l'abstraction enfin qui traie ceux de
ces attributs, qui ont quelque rapport ou ressemblance ensemble.

Diffé-
rentes
espèces
de con-
noissan-
ce, l'ab-
stractive,
§. 286.
L'in-
tuitive.

Il est une seconde espèce de connoissance, que l'on nomme Intuitive,
qui consiste à considérer la chose en
elle-même, ou dans l'image que s'en
fait l'Imagination : Je considère un
arbre qui est présent à mes yeux, je
me représente dans l'Imagination un
triangle tracé sur du papier, voilà,
dit M. W. une connoissance intuitive,
je sens que je vois tout ce qui compo-
se

fe un arbre, je me repréfente ce qui forme le Triangle.

Ce que nous avons déja dit fur l'at- §. 287. tention & la réflexion revient encore 288. ici : Cette connoiffance intuitive, eft ou confufe, fi nous nous en tenons à confidérer en général un objet ou fon Image; ou diftincte, fi nous en confiderons fucceffivement les parties, & que nous portions notre attention fur chacune d'elles.

Il eft difficile de décider, fi nous pouvons penfer & réflechir fans le fecours des paroles; bien des gens, dit M. W. font d'avis que non, & croient remarquer, que quelque effort que l'on faffe, on n'apperçoit fes penfées, qu'autant qu'elles font revêtues des fignes, qui nous les rendent en quelque façon fenfibles : Quant à lui il avoue que ce n'eft que par un grand exercice qu'il eft parvenu enfin à faire quelques-unes de ces opérations de l'Ame, où il n'entrât point de mots : d'où il refulte que cette connoiffance intuitive qui les exclut, celle furtout que nous venons de nommer diftincte, ne fauroit guères avoir lieu en nous, & qu'il faut la laiffer prefque

M   en-

entiérement en partage aux enfans, qui ne fauroient, avant qu'ils ayent l'ufage de la langue, former que des images intuitives.

§. 289.
& la fymboli-
que.

Enfin il est une troifième forte de connoiffance, que l'on nomme fymbolique; c'eft celle qui fe termine au figne de la chofe, quel que foit ce figne, foit mot, foit figure, fans confidérer la chofe, ou l'idée & l'image de la chofe même.

Explica-
tion &
exem
ples de
ces trois
connoif
fances.

Ainfi fi je m'arrête à ce mot de Triangle, qui fignifie une figure terminée par trois lignes, fans voir des yeux, ou me repréfenter en moi-même ni le Triangle, ni les lignes qui le forment, que je m'arrête de même aux chiffres, qui repréfentent les nombres, fans confidérer les chofes, que marquent ces nombres, voilà des connoiffances fymboliques; parce que dans l'un & l'autre exemple ma connoiffance n'a pour objet, que les mots ou les chiffres, qui font des fymboles, ou des fignes des chofes.

Toutes nos connoiffances ou maniéres de connoître fe réduifent à ces trois que nous venons de marquer: il arrive même quelquefois, qu'elles prennent

nent presque dans le même inſtant tous ces différens caractères : reprenons l'exemple de notre triangle ; que je n'y confidère que les lignes ou les angles ; voilà la connoiſſance abſtractive ; que je le voie tracé ſur le papier, ou que j'en voie dans mon Imagination la forme & l'image, voilà la connoiſſance intuitive ; enfin que je penſe au nom, qui en eſt le ſigne, voilà la connoiſſance ſymbolique.

Cette dernière eſpèce de connoiſſance, ou la ſymbolique, s'étend bien au delà de ce qu'on imagineroit d'abord : outre les Chiffres, l'Algèbre, qui forment ſon véritable Empire, l'on peut dire, que tout ce qui eſt ſigne lui appartient, & dès-là quelles bornes pourroit-on lui marquer ? Les Hiero- glyphes des Anciens, les ſignes de nos Chymiſtes, qui ne ſont guères moins myſterieux, que les Hieroglyphes mêmes, ceux de nos Aſtronomes, de nos Medécins, notre écriture, nos mots, tout lui eſt ſoumis ; nous venons de voir que nos penſées mêmes en dépendent, puiſque nous ne ſaurions guères en former, ſans emprunter le ſecours des mots.

Celle-ci, qui renferme les chiffres &c. ſert à abreger.

M 2   L'on

§. 290. L'on voit que parmi tous ces fymboles, ou fignes, il en eft plufieurs que l'on n'a imaginé que pour abreger, tels font ceux de l'Algèbre pour nous repréfenter des quantités, ceux de l'Aftronomie, pour nous défigner les Planètes & leurs différens afpects entre elles, ceux de la Medécine pour nous prefcrire la dofe des remèdes.

Ces fignes qui fervent à abréger fe nomment Signes primitifs, parce qu'ils ne font point compofés d'autres fignes, comme le font, par exemple, les mots, qui, bien que n'aiant qu'une fignification primitive, font cependant compofés de fignes plus fimples, qui font les lettres.

§. 291. A voiler les fecrets que l'on veut cacher. Qu'à ces fignes, dont la fignification eft connue, on en fubftitue d'autres dont la fignification eft cachée; voilà nos lettres en chiffre, dont tout l'art confifte à mettre à la place des lettres un chifre ou un autre figne arbitraire, dont on ne connoît la valeur, ou la fignification, qu'à l'aide de ce qu'on nomme la clef, parce qu'elle feule peut nous donner l'entrée dans ce Sanctuaire des Myftères.

On

On peut rapporter à cette efpèce de fignes, les anciens Hieroglyphes, qui cachoient les Myftères de la Religion & de la Théologie Payenne, comme auffi les efpèces d'images qu'emploient les Chymiftes, pour derober au Vulgaire les fecrets de leur Art.

Il eft des fignes, qui font plus propres que les mots mêmes à nous donner des connoiffances diftinctes de la chofe, & à nous repréfenter tout ce qui entre dans fa notion : tels font ceux de l'Algèbre, où très-peu de figures nous retracent diftinctement la folution d'un Problême, ceux de la Mufique, où des Lignes & des Notes nous marquent les différens tons de la voix, ou de l'inftrument, ceux des Livres de Chorographie ou de Danfe, où de fimples traits expofent aux yeux toutes les figures qui forment chaque efpèce de Danfe.

Ces mêmes fignes primitifs peuvent fervir même à l'Invention, comme nous le voyons dans l'Algèbre, où par le moyen d'une quantité connue, on parvient à en decouvrir une qui ne l'étoit pas.

§. 293.
A l'invention.

M 3   Tous

Tous ces signes qui sont en si grand nombre, nous tiennent lieu de paroles, & nous mènent par des chemins courts & aisés à des connoissances, que les paroles rendroient plus embarrassées & plus difficiles.

§. 294.
Art caractéristique.

L'Art ou la Science qui apprend l'usage que l'on peut faire des signes pour exprimer les choses ou leurs idées, s'appelle Art caractéristique, des caractères qu'il emploie.

§. 295.
& suiv.
Langue Philosophique.

Ici s'ouvre un nouvel ordre de choses, il s'agit d'une Langue inconnue, surprenante, admirable, simple sans pauvreté, & abondante sans luxe, concise & serrée sans être obscure, étendue & immense sans aller à la superfluité, toujours la même, & pourtant variée, & dont les variations seroient toujours raisonnées, une Langue inconnue au Vulgaire, & dont le mystère ne seroit revelé qu'aux Philosophes, de qui elle prendroit son nom, une Langue enfin dont les caractères retraceroient aux yeux les qualités des Corps, comme ceux de l'Algèbre nous expriment leurs quantités.

Il n'est personne qui ne voie de quel prix seroit cette Langue, de quel usage

se-

feroient ces caracteres; au lieu de cette diverſité preſque infinie de langa-
ges, qui rend le commerce des Savans
ſi difficile, de ces ſons ſi variés, & ſouvent barbares qui effraient ceux, qui
voudroient apprendre à les former, on
ſeroit étonné de ſe voir admis ſur le
champ, & quelque ſans peine dans le
ſanctuaire de la Philoſophie, & de la
Sageſſe de tous les peuples; ces Sciences profondes des Anglois, qu'on ne
.... une langue étrangère
.... & quelquefois inſ-
.... vaſtes & redoutables
.... renfermées preſ-
.... que la Lan-
.... des treſors com-
...... nous ..... également;
.... nous verrions les Sages
des Indes & de la Chine inſtruits de
cette .... langue s'en ſervir pour
nous .... les myſteres de leur Religion .... Morale & de leur Po-
........., tout l'empire des Savans enfin, quoique ſeparés par des eſpaces
immenſes de terres & de mers, & plus
encore par une Langue vulgaire, dont
les beſoins de la vie, & les devoirs de
la ſocieté les rendent dépendans, réu-

M 4   ni

ni par les liens d'une Langue fublime, & prefque fpirituelle qu'ils fe parle- roient aux yeux, & au moyen de la- quelle ils fe peindroient toute la fageffe de leurs differentes Idées.

Ses A- vanta- ges.

Et quel pouvoir, quels charmes n'auroient pas les caractères qui la for- meroient? fimples & expreffifs, com- me nous avons dit qu'ils le feroient, un feul fuffiroit pour expofer aux yeux, l'objet & la qualité d'une idée, d'une propofition, d'un raifonnement; & de là combien de nouveaux avantages? tout prendroit la fimplicité & l'expref- fion de ces caractères mêmes; ce cir- cuit & ce fatras de paroles, que les Philofophes font fouvent forcés d'em- ployer pour expliquer leurs penfées, & développer leurs raifonnemens, feroit banni pour toujours; ces Livres de Phi- lofophie, qui font autant d'Epouvan- tails par leur nombre & leur grandeur, prenant, par la plus belle de toutes les Métamorphofes, une nouvelle forme, paroitroient s'affaiffer à nos yeux, & fe changer tout à coup dans de petits Livres fimples & ordinaires: il en eft même qu'on verroit difparoître entié- rement, s'évanouïr dans l'air comme une

une légère vapeur, & aller vraisemblablement se joindre dans un autre Monde aux Phioles, ou sont renfermés les
Esprits, qui les ont composés.

Mais malheureusement cette Langue Diffi-
n'existe pas, & nous n'en connoissons que culés
le nom & les avantages; nous savons de la
qu'elle s'appelleroit Langue Philoso- trouver.
phique, & l'Art qui apprend à s'en servir, Art caractéristique Combinatoire,
parce qu'il doit contenir la maniére de
combiner les signes, & d'en varier les
combinaisons: voilà ce que M. W.
nous en apprend de plus positif: il fait
bien à ce sujet quelques observations
profondes & abstruses sur le calcul, à
cause de l'analogie qu'il doit avoir avec
cette Langue, mais nous ne le suivrons
pas dans ces observations, & nous re-
viendrons comme lui à la difficulté
d'exécuter un si beau projet, aux de-
sirs & aux regrets.

Nous voyons dans l'Eloge que M.
de Fontenelle a fait de M. Leibnitz,
que cet illustre Savant méditoit un
nouvel Alphabet, qu'il nommoit l'Alphabet des pensées humaines, & qui
sans doute devoit avoir rapport à cette
Langue universelle; mais il y a bien de

M 5

l'appa-

Efforts inutiles de M. Leibnitz pour la découvrir.

l'apparence qu'il ne l'a jamais executé; puisque dans les Lettres qu'il écrivoit à M. de Montmort dans l'année 1714. deux ans avant sa mort, il dit qu'il se seroit volontiers appliqué à la recherche de ce grand Art, s'il avoit été moins chargé d'affaires & d'années, & qu'il eût été sûr d'être aidé dans l'exécution par des gens que leur age rendit plus propre au travail pénible, qu'il exige.

M. W. ne craint pas même de dire, que M. Leibnitz, à qui l'habitude de réussir inspiroit sans doute quelque confiance, après s'être flatté de pouvoir dompter cette matiére, comme il en avoit dompté tant d'autres, l'avoit vraisemblablement trouvée plus rebelle, qu'il ne se l'étoit imaginé d'abord: c'est qu'en effet les caractères d'un tel Alphabet sont, comme dit M. de Fontenelle, l'instrument le plus fin, dont l'Esprit humain puisse se servir: Et comme M. Leibnitz disoit lui-même de Vilnius Evêque de Chester, & de Dalgarme qui avoient travaillé au même projet, qu'il ne croyoit pas, qu'ils eussent encore frappé au but, il a pu se faire aussi qu'il n'ait que tatonné
né

nt né lui-même en voulant l'attraper.

Toute la difficulté vient de ce que nous ne connoissons pas assez les qualités des Corps, ni de quelle maniére elles naissent les unes des autres; cependant sans cette connoissance, il nous est impossible de faire le premier pas dans ce nouveau Monde de combinaisons; nous ne marchons dans celui de l'Algèbre, que parce que nous appercevons l'origine & le progrès des quantités.

Après cette espèce de digression, où j'ai taché de resserrer, autant qu'il m'a été possible, ce que notre Auteur traite avec beaucoup de profondeur & d'étendue, revenons à l'Entendement, nous allons le voir dans un de ces instans de beauté, & prendre le plus beau de tous les noms, celui de l'Entendement *pur*.

Mais ce nom si propre à l'orner, il ne sauroit l'acquérir que très-rarement, & à des conditions bien dures.

Il faut que l'Entendement, pour être nommé pur, n'ait que des notions, où il ne se mêle rien d'obscur ou de confus, & il n'en a de cette qualité, que lors qu'il opère sur des nombres, les

§. 313.
Ce que l'on nomme Entendement pur.

M 6

les feuls objets, dont les notions n'aient
rien en effet de confus & d'obfcur,
parce qu'ils peuvent être refolus par
une analyfe exacte & parfaite, jufqu'à
la notion de l'Unité.

Je dis les feuls, car bien qu'à la rigueur la forme Algebrique appartienne à l'Entendement pur, il eft cependant vrai de dire que les Notions qui
répondent à cette forme, font des
quantités, & que les quantités fe rapportent au continu, lequel eft du reffort de l'Imagination, & dont nous ne
faurions avoir qu'une Notion confufe.

§. 314.　　On ne fera pas furpris après cela
d'entendre M. W. nous dire que tout
ce qui eft Notion phyfique & morale
ne fauroit appartenir à l'Entendement
pur : pour qu'elles lui appartinffent, il
faudroit que ces Notions puffent être
réfolues par une Analyfe parfaite, mais
Pour-　quelque Analyfe qu'on en faffe, l'on
quoi no　trouve toujours qu'elles fe terminent
tre En-　à quelque chofe que nous percevons
tende-
ment　clairement à la vérité par le fecours
ne l'eft　des Sens, mais toujours avec quelque
presque　confufion cependant, & tout cela ne
jamais.　fuffit pas pour l'Entendement pur ; il
　　　　　　　　　　　　　　　　faudroit

faudroit en venir jusqu'à ces Substances simples, qui forment un Monde invisible, ces Monades semblables à l'Unité, qui est le commencement des nombres, sans être un nombre elle-même.

De là vient que M. W. croit que §. 315. notre Entendement n'est presque jamais affranchi des Sens & de l'Imagination; or nous savons que ce que nous percevons par les Sens & l'Imagination, nous ne le percevons que confusément.

C'est aussi là une des raisons, pour §. 316. lesquelles nous avons défini l'Entendement une faculté de représenter distinctement les objets: & bien que cette définition paroisse d'abord s'éloigner de nos idées ordinaires, on verra pourtant, si l'on veut y faire attention, qu'elle s'en rapproche plus qu'on ne pense: & en effet n'attribuons-nous pas aux bêtes des Sens & une Imagination, tandis que nous leur refusons un Entendement que nous n'accordons qu'à l'homme? or quelle sera la fonction de cet Entendement propre de l'homme, si ce n'est de percevoir distinctement les choses? Toute autre

Pourquoi M. W. le définit différemment.

M 7   fa-

façon de connoître le confondroit avec les Sens & l'Imagination, & feroit qu'il pourroit être attribué aux bêtes mêmes. Ce que personne ne voudroit, ni ne peut en effet admettre.

L'erreur vient de ce que nous nommons du nom d'Entendement, toute faculté de connoître en général, soit qu'elle nous repréfente confufément, soit qu'elle nous repréfente diftinctement fon objet, comprenant fous ce nom, les Sens & l'Imagination, que l'on doit pourtant bien diftinguer de l'Entendement, ainfi que nous l'avons montré.

§. 317. & 318. Différentes connoiffances fuivant leurs objets.

Nos connoiffances prennent différens noms des différens objets qu'elles ont : fi elles ont pour objet des Notions univerfelles, comme font celles de l'Efpèce & du Genre, elles fe nomment Connoiffances univerfelles : Telles font celles que l'on donne dans les Elemens de Géométrie, & dans toutes les Sciences en général, où l'on ne met guères que des définitions des Genres, & des Efpèces, & des Propofitions que l'on nomme univerfelles.

Connoiffance univerfelle.

§. 319 §. 320.

Si ces connoiffances n'ont pour objet que des Notions d'Individus, elles fe nom-

nomment singuliéres : telles font celles que nous donne l'Histoire fimplement dite , ou l'Histoire Naturelle ,
parce que les actions des hommes , ou
les opérations de la Nature , que l'une
ou l'autre nous repréfente, font telle
ou telle action , telle ou telle opération en particulier , ou individuelle.

*Indivi-
duelle
ou fin-
güliére.*

La connoiffance que l'on nomme
particuliére , a pour objet des Notions
auffi particuliéres : la Notion particuliére eft celle qui repréfente quelque
chofe de commun à quelques individus
de la même efpèce , comme quand on
dit ; il eft des hommes , qui ont une
Mémoire heureufe , il eft des perfonnes propres à faire fentir toute la douceur de l'amitié par la délicateffe de
leurs fentimens , & les agrémens de
leur Efprit.

*§. 321.

Particu-
liére.*

C H A-

CHAPITRE XI.

Des trois Opérations de l'Entendement considerées en particulier.

§. 325.
Trois
Opéra-
tions de
l'Enten-
dement.

ON fait affez que l'on diftingue ordinairement trois Opérations de
l'Entendement, la Notion avec une
fimple appréhenfion, le jugement &
le raifonnement.

Mais avant que d'entrer dans le détail il faut fe rappeller le partage que
nous avons fait & des objets, & des
facultés de notre Ame, par lefquelles
nous connoiffons ces objets: nous avons
dit que c'étoit aux Sens à nous repréfenter les objets préfens, à notre Imagination à nous retracer cenx qui font
abfens, que les Sens & l'Imagination
nous les repréfentent toujours confufément, parce qu'ils nous les repréfentent tels qu'ils font, & par conféquent
fans diftinguer les chofes, qui leur font
communes avec d'autres objets, de
celles qui leur font particuliéres, & qui
les diftinguent eux-mêmes; & que c'é-
toit

toit à l'Entendement feul qu'il appar-
tenoit de traier, & de diftinguer les
unes des autres.

Comme cet Article m'a paru difficil-
le & important, j'y reviens encore, &
vais tâcher de l'éclaircir par un exemple : nos Sens, notre Imagination nous
repréfentent des fleurs, une rofe, un
pavot ; mais ils ne nous les repréfentent, qu'en confondant tout ce qui les
compofe, la tige, les feuilles qui accompagnent la tige, & celle qui forme la fleur, la forme de cette tige, la
figure, l'arrangement, la couleur de
ces feuilles ; c'eft un miroir qui repréfente les objets tels qu'ils lui font of-
ferts, mais dont toute la proprieté eft
de les repréfenter : voilà quelles font
les bornes de nos Sens & de notre Imagination : l'Entendement va au de-là
de ces bornes, il pénètre ce beau cahos, il le débrouille, il met d'un côté
tout ce que ces fleurs ont de commun
entre elles, de l'autre tout ce qu'elles
ont de différent ou de femblable ; & il
forme de tout cela ces idées univerfelles, des Genres, & des Efpèces ou différentes ou les mêmes.

Or que ce foient là les bornes pré-
cifes

cifes de nos Sens & de notre Imagination, nous le voyons, comme nous l'avons déja dit, par les enfans, dans qui ces deux facultés font fort vives, mais dont l'Entendement n'eft pas encore développé : ils voient, & leur Imagination leur repréfente ces fleurs, mais ils les confondent le plus fouvent, jufqu'à ce qu'une perfonne intelligente, & raifonnable ne leur ait fait appercevoir ce qui les diftingue, foit dans la tige, foit dans les feuilles, & ne leur apprenne à connoître les fleurs de la même, ou d'une différente efpèce.

Cela pofé, mettons-nous bien dans l'efprit, qu'il ne s'agit pas ici d'une fimple perception, comme le feroit celle d'un arbre, d'une feuille, d'une ligne, fi l'on veut ; cette forte de perception appartient aux Sens, fi l'objet eft préfent, ou à l'Imagination, s'il ne l'eft pas ; mais d'une notion, & par conféquent d'une repréfentation univerfelle : car c'eft là l'idée que nous avons donnée de la notion dès le commencement, lorfque nous avons expofé la différence que M. W. met entre la Notion & l'Idée : de-là vient aufli

auffi, qu'en nommant les trois opérations de l'Entendement nous avons
donné à la première le nom de notion
avec une simple appréhenfion.

Venons maintenant à confidérer cette première opération : mais comme
nous connoiſſons, ainfi que nous l'a-
vons dit, les objets de deux maniéres
ou par les images, que nous en font
les Sens, & l'Imagination, felon que
ces objets font préfens, ou abfens,
ce que nous avons nommé connoiſſance intuitive, ou par les fignes qui nous
les expriment, ce que nous avons nommé connoiſſance fymbolique, il fera
bon de la confidérer dans ces deux états,
nous commencerons par le premier.

Nous avons devant les yeux, ou
nous nous peignons dans l'Imagination
deux ou plufieurs objets, nous les examinons, & nous portons fucceffivement notre attention fur ce qu'ils ont
de femblable : ces chofes qui s'y trouvent
femblables nous les feparons, pour
ainfi dire, de ces objets, & nous nous
en formons des repréfentations ou idées
générales : ces repréfentations ou Idées
générales, qui ne font autre chofe que
notre Efpèce, ou notre Genre, font les
No-

Premiè-
re opé-
ration
confide-
rée dans
la con-
noiſſance
intuiti-
ve.

§. 326.

Notions de M. W., & ce qu'il nomme première opération de l'Entendement.

On voit par-là de quelle maniére nous nous formons les idées du Genre & de l'Efpèce, & qu'il n'y en a pas même d'autre de nous les répréfenter, puifqu'il eft vrai que le genre & l'efpèce n'exiftent que dans les individus.

§. 327. Ce n'eft pas feulement à la vue de deux, ou de plufieurs objets, que nous formons ces idées univerfelles; nous les formons de même à la vue d'un feul; fi en examinant ce feul objet, nous portons notre attention fur ce que nous voyons qu'il a de commun avec d'autres, dont nous nous rappellons le fouvenir.

Je me repréfente le grand & magnifique parc d'un Château dont je fus toujours enchanté, je vois dans toutes les allées, qui le partagent en mille détours, un nombre infini de différents arbres; fi je ne confidère dans ces arbres, que ces troncs, dont les uns déja forts & robuftes fe perdent dans les airs, les autres tendres & naiffants ne commencent qu'à s'y élancer, d'autres enfin timides & attroupés en

fa-

famille semblent n'oser élever leurs têtes; ou que je n'y voye que ces branches qui s'entrelassent, ces feuilles qui
se confondent, pour former par-tout
une ombre agréable; voilà ces idées
générales & universelles, que nous
nommons Genres: que si après cela je
viens à considérer parmi ces arbres,
ceux dans qui le tronc, & l'écorce qui
le couvre, la position des branches, la
forme & la couleur des feuilles, tout
me paroît semblable, ces choses semblables font ces autres idées universelles que nous nommons Espèces, & elles vont à l'infini; enfin si je ne considère qu'un de ces arbres, & qu'en le
considérant je me rappelle ce qu'il a
de semblable avec tous les autres en
général, ou avec certains en particulier, je forme de la même maniére ces
idées universelles dont je viens de
parler.

Voilà tout le mystère de la premiére opération de l'Entendément consi-
derée dans les objets que nous connoissons d'une connoissance intuitive.
Quant à ceux que nous connoissons
d'une connoissance symbolique, le
mystère, s'il y en a ailleurs que dans
les

§. 328.
La mê-
me con-
siderée
dans la
connois-
sance
symboli-
que.

les mots, eft encore moindre; tout
confifte à ne faire attention qu'aux
mots, & aux autres fignes, qui expriment la Notion diftincte d'une chofe:
ainfi fi au-lieu de voir ces arbres, qui
font un fpectacle charmant à mes yeux,
je fuis d'affez mauvaife humeur, pour
m'arrêter aux mots, qui expriment
leur Notion en genéral, & borne toute mon attention à ces termes de *Sub-*
ftances vegetantes, compofées de tronc,
de branches & de feuilles; fignes ou
fymboles qui expriment les chofes
communes à tous les arbres, la premiére opération de mon Entendement
paffe à un autre genre de connoiffance,
que l'on nomme fymbolique, parce
qu'elle fe termine aux fymboles ou aux
fignes.

La feule chofe qu'il convient de remarquer, eft que cette connoiffance
fuppofe l'intuitive, & s'y rapporte;
parce que les mots étant des fignes de
nos perceptions ou des chofes, doivent exprimer tout ce qui eft dans
ces perceptions, ou dans ces chofes; faute de quoi, comme le remarque très-bien M. W. ces mots ne
diroient rien, & ne feroient que des
fons

font vuides de fens, comme le font
fouvent ceux des enfans, lesquels ...
... du mot qu'ils ont fait, fans ...
connoître l'objet que ce mot fert à exprimer.

Que fi l'on veut au reste apprendre ...(...)illeux de passer de la connoiffance fymbolique à l'intuitive, & de
l'intuitive à la fymbolique, M. W.
nous apprend qu'il en a donné des
préceptes, & fur tout un exemple
brillant dans fes *Heures perdues*, im-
primées en 1730.

Passage de l'une à l'autre.

De tout cela il refulte ce que nous
avons dit d'abord, que la première o-
pération de l'Entendement n'eft pas la
repréfentation d'un feul objet faite par
les Sens, ou l'Imagination, mais des
chofes que nous voyons, ou que nous
nous rappellons être communes à cet
objet avec plufieurs individus ; voilà
pour la connoiffance intuitive : que de
même ce n'eft pas le mot qui exprime un objet, mais l'affemblage de
tous ceux qui en donnent une Notion diftincte, voilà pour la fymbolique.

§. 330. Definition de cette première opéra- tion.

Comme toute cette première opération confifte à détacher, pour ainfi dire,

§. 331.
332.
Conditions & qualités qu'elle exige.

re, de l'objet, les choſes qui le compoſent, & à ſe les repréſenter comme diſtinctes de l'objet, & diſtinctes entre elles, elle demande beaucoup d'adreſſe & de ſubtilité de la part de l'Entendement; car ce n'eſt que la ſubtilité de l'Entendement, qui fait un ouvrage auſſi fin : & comme cette qualité eſt différente dans tous les hommes, elle eſt ſuſceptible auſſi de différens degrés : on peut dire que celui-là eſt au plus haut, qui peut découvrir le plus de choſes dans un objet.

C'eſt principalement ici qu'il convient de diſtinguer avec ſoin la connoiſſance intuitive de la ſymbolique, parce qu'il peut arriver que quelqu'un ſoit pénétrant & adroit à développer les différentes faces d'un objet, ſans qu'il ait pour cela la facilité de les expliquer ; ſoit parce qu'il manque de mots, pour exprimer des choſes nouvelles, ſoit parce qu'il ignore ceux dont il pourroit ſe ſervir.

§. 333.

Quoique cette ſubtilité ſoit en grande partie un don de la Nature, il faut pourtant en dire, ce que nous avons dit des autres qualités de l'Ame, que l'exerl'exercice la perfectionne, & peut même la porter quelquefois au degré le plus sublime. Car toute cette subtilité consistant à représenter les choses qui sont dans chaque objet, comme distinctes de l'objet, & distinctes entre elles; & cette grande opération ne se faisant que par l'attention qui est portée successivement sur toutes ces choses, il est clair que les mêmes raisons, qui nous prouvent que l'attention peut s'acquérir par l'exercice, servent à prouver que l'exercice peut donner de la subtilité, tant M. W. fait lier & enchaîner heureusement toutes ses matières; aussi comme il s'étoit donné pour un modèle d'attention, il se donne ici pour un modèle de subtilité, & l'on n'aura pas de peine à l'en croire.

Il nous en donne une nouvelle preuve, lors qu'il nous dit qu'il est des degrés dans les Genres, qu'il en est de supérieurs, d'inférieurs, que l'on monte des uns aux autres, & que les premiers sont plus abstraits que les derniers : comme toutefois ces sortes de choses, précisément parce qu'elles sont abstraites, sont difficiles à saisir; il

§. 334. Degrés ou échelle des genres.

N   est

eſt bon de les rendre ſenſibles par un
exemple ; nous le prendrons avec M.
Locke de l'ordre établi dans l'ancienne
Philoſophie entre les genres, quoi que
cet ordre au jugement de M. W. ne
ſoit rien en comparaiſon de celui qui
doit nous ſervir à découvrir l'Art ca-
racteriſtique combinatoire, mais qui eſt
encore à découvrir de même que cet Art.

Le Meunier, ſon Fils & l'Ane, qui
vont au marché dans la Fable de La
Fontaine, ſont des Individus : prenons
d'abord les deux premiers, & laiſſant
à part dans ce pere & dans ſon fils, ce
qui leur eſt particulier, ne voyons
dans l'un & dans l'autre que les choſes, qui leur ſont communes, l'idée de
l'*Eſpèce*, ou de l'homme qu'ils parti-
cipent également ; voilà le premier degré d'abſtraction : ceſſons enſuite de
conſidérer dans ces deux hommes les
ſeules idées particuliéres à l'homme,
pour n'y voir que celles, dans leſquelles ils conviennent avec leur Ane, voilà l'idée du premier genre, ou de l'*a-
nimal*, plus genérale que celle de l'eſpèce, & auſſi plus abſtraite. Otons
encore à tous les trois ce ſentiment,
ce mouvement ſpontanée, comme
l'ap-

l'appelle M. Locke, & n'examinons en
eux que les idées de vie & de nutrition,
cette idée qui forme un second Genre,
que l'on nomme *vivant*, en devenant
plus abstraite deviendra plus générale,
parce qu'elle conviendra à une infinité
de corps : que si nous allons de la même manière par degrés à l'idée de
corps, en ne regardant ces trois personnages de la Fable, que comme une
substance étendue, solide; si nous paf-
fons à celle de *substance*, en ne les con-
fidérant que comme quelque chose, en
quoi subsistent plusieurs qualités sensibles, & d'*Etre* enfin, au de-là duquel
on ne conçoit plus rien, & qui s'appli-
que à quelque idée que ce soit, on
verra que plus les idées des genres font
abstraites, & plus elles font générales.

Voilà bien des métamorphoses, où
ces deux hommes & leur Ane nous donnent des leçons moins agréables qu'ils
ne le font chez l'Auteur charmant qui
les a imaginés : il n'auroit jamais cru
que ces Etres qu'il ne fait parler, que
pour corriger plus utilement les erreurs des hommes, duffent servir un
jour à nous montrer, que l'idée de
l'Espèce, qui ne comprend que cer-

N 2   tains

tains individus, forme la premiére claſſe des Idées abſtraites, & eſt la moins étendue ; que l'idée du premier genre, qui eſt fondé ſur la reſſemblance des Eſpèces, comme les Eſpèces le ſont elles-mêmes ſur la reſſemblance des Individus, l'eſt davantage, & qu'il en eſt de même des autres Genres, à meſure qu'ils s'éloignent du premier.

§. 335.
Ils de-viennent un mo-yen de juger de la péné-tration de l'En-tende-ment.

Tous ces différens degrés d'abſtrac-tion ſont une preuve de ce que nous a-vons déja dit, que l'on en peut diſtin-guer auſſi d'adreſſe & de ſubtilité dans l'Entendement, à proportion de ſa fa-cilité à appercevoir tous ces degrés; de maniére, dit M. W. qu'on pourra le meſurer à cette échelle, & juger de ſa pénétration par ces mêmes degrés, qu'il découvrira, ou ne découvrira pas.

Le point principal eſt de ſaiſir toujours les Notions générales de chaqueScience.

§. 337.
Il im-porte ſur-tout de ſaiſir les Notions généra-les.

La Métaphyſique, & ſur-tout cette partie de la Métaphyſique, que l'on nomme Ontologie, eſt celle de tou-tes qui a des Notions plus univerſelles, parce qu'elle a pour objet les Notions de l'Etre, qui ſont les plus étendues, tout ce que nous concevons pouvant y être rapporté.

On

On appelle Notions générales d'une Science, tout ce qui est commun aux choses dont traite cette Science; ainsi on nommera Notions générales de la Physique tout ce qui convient en général aux Météores, aux Métaux, aux Vegetaux; Notions générales de la Morale, tout ce qui convient aux Vertus, soit intellectuelles, soit morales.

§. 338.
Ce que l'on entend par-là.

Il ne suffit pas de connoître ces Notions générales, il faut encore les appliquer aux objets particuliers : cette attention à en faire l'application à chaque objet, perfectionne non seulement l'esprit, mais aide encore à découvrir d'autres rapports universels, que l'on n'auroit jamais apperçu sans cette attention.

Moyens d'y parvenir.

Un autre grand art, est d'analyser les Notions. Le secret de cette analyse consiste à passer de la Notion d'une chose, aux Notions de toutes celles qui la composent, d'évaluer & de resoudre encore celles-ci, jusqu'à ce qu'on en soit venu à ces Notions si simples, qu'elles n'exigent, & ne souffrent plus d'analyse.

§. 339.

Telle est l'excellente méthode, que

N 3

M.

M. W. s'est proposé de suivre : il ne
se contente pas de définir une chose,
il définit encore tout ce qu'il a fait
entrer dans cette définition, en sorte que l'on peut dire avec quelque fondement, que chez lui chaque définition devient une mere de famille, qui
produit auſſi tôt une fourmilliére de
petits, souvent auſſi feconds que leur
mere.

§. 340.
Ce que l'on nomme Enten dement profond.

Comme nous avons dit que la *grandeur* de l'Entendement, se prend du
grand nombre des objets, qu'il embraſſe, & des caractères qu'il y peut
diſtinguer ; pour épuiſer avec M. W.
toutes les dimenſions de cette faculté,
nous dirons que ſa profondeur ſe meſure ſur l'analyſe plus ou moins étendue, qu'il peut faire des Notions dont
nous parlons, en forte que l'Entendement le plus profond, eſt celui qui peut
porter le plus loin ſes analyſes. les dé-

§. 341.
grés en ſont marqués, le premier qui
peut paroître déja fort élevé, eſt de
pouvoir analyſer non ſeulement la notion diſtincte, déja parfaite par elle-
même, puisqu'elle ſuppoſe la connoiſſance des caractères ; mais encore les
Notions de ces caractères. Le ſecond
de

de pouvoir resoudre les caractères [illegible] ne distingue [illegible] les autres, il a craint sans doute [illegible] que les deux premiers [illegible] ne fussent déja bien sublimes [illegible]

C'est sans doute beaucoup, que de pouvoir remonter ainsi aux sources & [illegible] d'appercevoir [illegible] tous les rameaux, dans [illegible] [illegible] [illegible] perfection [illegible] rendre [illegible] [illegible] plus simplement, il est [illegible] mots toutes ces [illegible] que l'Enten- [illegible] en effet, il semble [illegible] une espèce [illegible] [illegible] [illegible] [illegible] symbol- [illegible] des Notions [illegible] de subtilité & de la per- [illegible] à l'Entendement.

§. 342. Secours que l'on tire de la connoissance symbolique, pour perfectionner l'Entendement.

‹○›‹○›‹○›‹○›‹○›‹○›‹○›‹○›

CHAPITRE XII.

De la seconde operation de l'Entendement.

LE JUGEMENT.

§. 343.
Seconde
opéra-
tion con-
fiderée
dans la
connoif-
fance
Intuitive.
LE passage de la premiére à la seconde opération , dans cette espèce de connoissance que nous avons
nommée Intuitive , est presque insen-
sible ; l'une , comme nous venons de
le voir , se représente les choses, qui
composent un objet , comme distinctes
de l'objet , & distinctes entre elles ;
elle ne va pas plus loin : l'autre les
considère comme étant dans cet objet,
ou s'y rapportant de quelque maniére
que ce soit : cette différence qui consiste à envisager les choses qui composent l'objet , comme *existantes* dans
l'objet ; ce point de vue *d'existence*, est
ce qui constitue la seconde opération,
le jugement.

Je me représente dans un arbre le
tronc, les branches, les feuilles ; toutes

tes ces chofes qui forment l'arbre, je
me les repréfente, dis-je, comme diftinctes en quelque façon de l'arbre,
& diftinctes entre elles; ou j'ai une de
ces notions que nous nommions compofées, un bel arbre, un arbre élevé &c.
voila la première opération : je confidère enfuite ces branches & ces feuilles, comme étant dans l'arbre, cette
beauté, cette élévation comme appar-
tenante à l'arbre, voila la feconde :
car il faut bien remarquer, que ces
deux opérations ne doivent pas être
moins diftinguées dans ce genre de
connoiffance, où l'Ame eft fuppofée fe
repréfenter les objets par les Sens &
l'Imagination, fans employer le fecours
des termes ou des mots, qu'elles le **En**
font dans l'autre efpèce de connoiffan- **quoi elle**
ce, que l'on nomme fymbolique; or **confifte.**
elles ne le fauroient être que par cet- **S. 344.**
te *exiftence* ou rapport, auquel l'Ame
s'attache précifément dans le jugement
de la première opération.

Mais comment fe fait ce jugement?
Avant de l'expliquer, il eft bon de
remarquer, qu'il en eft de deux fortes; les uns affirmatifs, par lefquels
nous joignons deux notions, ou affir-

mons

mons qu'elles se conviennent ; les autres negatifs, par lesquels nous separons ces Notions, ou nions qu'elles doivent être unies.

Ce que renferme cette seconde opération, ou le jugement.

2. Que tout jugement renferme par conséquent deux Notions, l'une de l'objet, duquel nous jugeons, & que nous nommons pour cela le *sujet* du jugement ; l'autre de la chose que nous jugeons convenir, ou ne pas convenir à l'objet, & que nous nommons *attribut*.

Il en est de deux sortes, l'un affermatif, l'autre negatif.

3. Que cette chose ou cet attribut peut convenir ou repugner essentiellement au sujet, comme dans ces deux idées, un Dieu juste, un Dieu injuste ; ou accidentellement, comme dans celles-ci, un papier qui est blanc, un papier qui n'est pas blanc.

Difficulté d'expliquer le dernier dans la connoissance intuitive.

Cela posé : quoique dans ces opérations si intimes de l'Ame, & si l'on peut parler ainsi, si spirituelles, qu'il ne s'y mêle pas même de mots, ou de termes, car c'est de celles-là dont il s'agit, tout soit abstrait, & difficile ; l'on peut dire toutefois que la plus grande difficulté n'est pas pour les jugemens affirmatifs, puisque l'on voit souvent daus le sujet même l'attribut,

qu'il

qu'il faut lui donner, comme dans cet exemple *Dieu est juste*, ou qu'on perçoit au moins l'attribut avec le sujet, comme dans cet autre, *ce papier est blanc*. La difficulté est pour les jugemens negatifs, où l'attribut ne se perçoit point avec le sujet, & où il s'agit pourtant de décider de la disconvenance de l'un & de l'autre; or, l'on ne sauroit décider de cette disconvenance sans comparaison, ni faire de comparaison, si l'un & l'autre n'est representé présent; il faut donc que l'esprit aille prendre l'attribut où il est, ou qu'il le rapporte à son sujet, pour les comparer ensemble.

Imagineroit-on tout ce chemin que fait l'esprit, si la reflexion ne nous faisoit pas appercevoir la nécessité où il est de le faire, & si nous ne connoissions d'ailleurs toute la célérité dans ses operations?

Mais pour nous rendre ce systême plus familier & plus sensible, examinons-le dans deux sortes de cas, l'un où l'attribut disconvient essentiellement au sujet, l'autre, où il ne disconvient qu'accidentellement, & prenons

§ 345.
Soit que l'attribut disconvienne essentiellement, soit qu'il

N 6

ne dif-
convien
ne qu'ac-
cidentel-
lement
au sujet.

nons les mêmes exemples que nous donne M. W.

Ce *papier n'est pas de fer*, dit-il; voi-là sans doute un jugement negatif de la première espèce; pour parvenir à décider de la disconvenance du sujet & de l'attribut dans ce jugement, quel chemin doit faire l'esprit? écoutons le maître: l'esprit, dit-il, se représen-te d'abord du *papier*, & fixe son atten-tion sur l'idée qu'il en a, voilà le pre-mier pas: il passe ensuite à l'attribut; mais parce qu'il ne sauroit se représen-ter intuitivement cet attribut, de *fer*, sans voir en même tems l'idée de l'in-dividu dans lequel il est, savoir le fer, il se représente cette idée avec tout ce qui y est, voilà le second pas; il met alors en œuvre l'art que nous lui con-noissons, de pouvoir considerer ce qui est dans l'objet, comme distinct de l'objet, il détache l'attribut, pour le rapprocher du sujet de son jugement; voilà le troisième pas, & celui qui le met en état d'appercevoir son but; car frappé, dans l'instant de la comparai-son, frappé, dis-je, de l'affreuse dis-convenance de toutes ces notions ainsi rapprochées, il conclut à cette sépa-
ra-

ration, qui fait le jugement negatif,
ce papier n'est pas de fer.

Dans les cas où l'attribut ne difcon-
vient qu'accidentellement au fujet,
comme dans l'exemple que nous avons
rapporté, *ce papier n'est pas blanc*, la
marche de l'efprit eft la même; fi ce
n'eft qu'au lieu de fe repréfenter deux
fujets comme dans le premier exemple,
il ne fe repréfente ici que le même,
mais en deux fituations différentes,
l'une où le papier eft *blanc*, & l'autre,
où il n'eft pas *blanc*, fans s'embarraffer
de quelle couleur foit ce dernier; l'efprit enfuite fixant uniquement fon attention fur cette couleur *blanche*, &
fur les autres différentes de la *blanche*,
rapproche celle-ci de celles-là, & dans
la comparaifon qu'il en fait, il ne s'attache qu'à cette abfence, ou *non-exiften-
ce du blanc*, en quoi confifte fon jugement.

J'ai dit que l'efprit fixoit fon attention fur les autres couleurs différentes
de la blanche, parce qu'aiant à fe repréfenter un papier qui n'eft pas *blanc*,
& n'aiant aucune raifon de fe le repréfenter plutôt d'une couleur, que de
l'autre; pour qu'il ne manquât rien à

§. 348.

N 7 l'exac-

l'exactitude de son jugement, il falloit
qu'il se représentât tous les états différens en fait de couleur, qui sont opposés au seul, qu'il dit ne pas convenir à son sujet, & par conséquent,
qu'il fût fait mention de toutes les couleurs différentes du *blanc*.

Aurions-nous jamais cru, si le maître ne le disoit, qu'une opération de
l'esprit, qui nous paroît si simple, de-
mandât tant de façons? & n'aurions-
nous pas plutôt imaginé, que l'esprit
se tenant à comparer ce papier avec
l'idée qu'il a du blanc, & ne le trouvant pas conforme à ce modèle, à ce
patron, comme dit M. Locke, il conclut tout de suite à ce que le papier
n'est pas *blanc*, ou, puisqu'on le veut
ainsi, à cette non-existence du *blanc*?
Dans ce dernier sentiment, l'opération de l'Ame devient si simple, qu'elle paroîtroit être celle de la nature;
si ce n'est que comme celle-ci est le
plus souvent pour nous un mystère,
on imagine peut-être que pour s'en
rapprocher davantage, il est bon de
mettre du mystère aussi dans l'explication qu'on donne de ses opérations.

Quoi qu'il en soit, à la vue de tant
&

& de si grandes difficultés , pourrions-
nous nous défendre de certains sentimens de reconnoissance pour notre esprit , lors que nous le voyons distinguer
si promptement les idées, saisir leurs
différences , les joindre ou les separer
& former ainsi sans embarras des jugemens ? & n'y a-t-il presque pas lieu de
s'étonner que dans tous ceux que nous
formons à chaque instant , & qui sont
à l'infini, il n'y en ait pas un plus grand
nombre encore qui se ressentent de la
vitesse avec laquelle ils se font ?

Après ce que nous venons de dire,
il ne sera pas difficile d'expliquer la
manière dont nous connoissons ces sortes de propositions , que l'on nomme
contingentes, où l'attribut ne convient
pas essentiellement au sujet : on peut
bien voir, que l'esprit aiant remarqué,
que le même attribut est donné & ôté
à deux sujets ou individus de la même
espèce, se porte comme naturellement
à conclure, qu'il ne convient que con-
tingemment à l'un & à l'autre, c'est à
dire, qu'il peut également , ou être
joint aux differents individus de cette
Espèce, ou en être separé.

Tout ce que nous venons de dire , re-

§. 216.
Comment on
connoit
les pro-
positions
nom-
mées
contin-
gentes.

regarde les jugemens, que l'on suppose faits par ce simple coup d'œil, qu'un
Entendement vif & pénétrant porte
sur les objets sensibles, sans emprunter
le secours trop lent des paroles : mais
laissant là ces jugemens muets, qu'il est
rare que nous formions, venons aux
autres, que l'on nomme symboliques,
& qui nous sont plus familiers ; puis
qu'aussi bien il est rare que nous pensions, sans parler en même tems au
dedans de nous-mêmes.

§. 350.
La même considé-
rée dans la con-
noissance symboli-
que.

Le Jugement symbolique, à proprement parler, n'est que l'expression
du Jugement, ou si on l'aime mieux,
le Jugement exprimé par des mots ;
ainsi cette Notion complexe, *papier
blanc*, qui étoit devenue un Jugement
dans la connoissance intuitive, lorsque
j'avois fixé mon attention sur l'*existence* du blanc dans le papier, devient une
autre espèce de jugement dans la connoissance symbolique, lorsque je l'exprime ainsi, *ce papier est blanc*.

En quoi elle consiste.

Tout consiste ici dans un mot, que
l'on nomme *Verbe*, lequel unit le sujet
& l'attribut, si c'est un Jugement af-
firmatif, ou qui les sépare, si c'est un
Jugement négatif ; & pour le rendre
de

de cette derniére espèce, il suffit de joindre au verbe, cette particule *non*, ou *ne pas*, comme dans cet autre exemple ; *ce papier n'est pas blanc*.

Il en est de même des Jugemens, que l'on nomme *complexes*, où l'on joint au sujet & à l'attribut les déterminations, qui leur conviennent ; comme dans cet exemple, *toutes les passions nous entraînent avec violence*.

Si cette derniére espèce de Jugement, qui est la symbolique, nous est plus familiére, elle est aussi plus distincte & plus claire ; puis qu'autant que nos jugemens sont imperceptibles dans la connoissance intuitive, autant sont-ils simples & sensibles dans la symbolique ; autant qu'ils sont difficilement distingués de la Notion complexe dans la premiére, autant le sont-ils clairement dans la seconde par le Verbe, qui est comme un nœud, qui joint l'attribut au sujet : aussi M. W. se déclare-t-il pour le Jugement symbolique, & nous conseille-t-il de le préférer à cause de sa clarté à l'*intuitif*.

§. 351.
Elle est plus distincte & plus claire, que la premiére.

§. 352.
Sa différence de la Notion complexe.

§. 353.

Au reste, quand je dis que nos Jugemens sont simples dans la connoissance symbolique, ce n'est que par com-

§. 354.
Opérations qu'elle suppose.

comparaifon aux autres ; car ils ont
auffi tous un petit attirail, qui marche
devant eux. Vous appercevez en vous
promenant dans un bois un lapin, &
vous dites, ce que je *vois là*, eft *un
lapin* : voilà un Jugement qui paroît
bien fimple ; cependant, à le bien
examiner, il fuppofe deux autres opérations, dont la vue & le fentiment
nous font derobées par la celerité, avec
laquelle elles fe font ; l'une de la part
de l'Entendement , par laquelle vous
jugez, que cet animal que vous voyez
appartient à une efpèce de petits animaux qu'on nomme *lapins*, l'autre de
la mémoire, qui vous fournit le nom
que l'on a coutume de donner à cette
efpèce d'animaux car conformément à
ce grand principe de la raifon fuffifante,
le jugement par lequel vous donnez ce
nom de *lapin* au petit animal, que vous
voyez, doit avoir fon principe , ou fa
raifon fuffifante ; or il n'en a qu'autant que vous le rapportez à une certaine efpèce d'animaux qu'on appelle
lapins ; vous les raportez donc, 1. à fon
efpèce, 2. la mémoire vous fournit le
nom que l'on donne à cette efpèce, &

Raifon pourquoi l'on donne aux individus que l'on apperçoit, les noms de leur Efpèce, ou de leur Genre.

enfin

enfin vous venez à former ce jugement,
ce que je vois là est un lapin.

Et en effet que vous ne faffiez aucune attention à l'objet, que vous percevez par les Sens, ou qu'y faifant attention, vous ne connoifliez pas le nom
de l'efpèce à laquelle il fe rapporte,
vous ne lui donnerez dans l'un ni l'autre cas aucun nom; dans le premier,
parce que l'objet s'évanouït, auffi-tôt
qu'il a été perçû; & dans le fecond,
parce que vous n'en connoiffez tout
au plus que le genre; ainfi fi vous voyez
au loin quelque chofe qui fe remue,
vous direz fimplement, qu'il y a là
quelque animal.

Lors donc que vous donnez un nom
à un objet, qui fe préfente à vos yeux,
vous ne lui donnez ce nom, que parce que vous l'avez rapporté à l'efpèce
à laquelle il appartient; & cela eft fi
vrai, que fi quelqu'un vous contredi-
foit fur le lapin, vous commenceriez
à appliquer à ce petit animal tous
les caractères, qui conviennent à fon
Efpèce; vous diriez qu'il bondit, qu'il
bricolle, qu'il s'élance, qu'il s'arrête,
qu'il fe moutre, qu'il fe tapit; toutes
marques qui différencient cette Efpèce

ce, qui avoient précedé votre jugement, & qui le juſtifient.

§. 355.
& ſui-
vans.

Il s'enſuit de là, que quoi que les
genres & les eſpèces n'exiſtent que dans
les Individus, le Genre eſt toutefois
ce que nous y appercevons d'abord:
parce que ſes déterminations étant
contenues dans celles de l'Eſpèce, ſont
par conſéquent en plus petit nombre,
& par-là même plus aiſées à ſaiſir; de
la connoiſſance du Genre nous venons
à celle de l'Eſpèce, & lorſque nous
connoiſſons également l'un & l'autre,
nous donnons ces deux noms, celui du
Genre le premier, en le prenant pour
ſujet, & celui de l'Eſpèce le ſecond,
en le joignant comme attribut; nous
les donnons, dis-je, aux Individus,
qui n'ont point un nom particulier,
comme dans notre exemple, *cet animal eſt un Lapin* : il eſt ſeulement à remarquer, que nous reſtraignons au
moyen de ce pronom demonſtratif, *ce*,
ſet, *cette*, l'univerſalité du Genre, &
que nous en faiſons comme le nom
propre de l'Individu, dont l'Eſpèce
devient l'attribut.

Ne pourroit-on pas dire, que cette
façon de juger des objets en ſaiſiſſant
d'a-

d'abord leur Genre, & en paſſant du Genre à l'Eſpèce, naît de l'inquiétude naturelle à notre Eſprit? Entrevoit-il quelqu'un de ces caractères frappans, qui ſont propres du Genre, en voilà aſſez pour le mettre en action? C'eſt toujours quelque choſe de donné à ſon avidité, que de pouvoir déſigner ce Genre, il le déſigne: *c'eſt un animal*; les caractères plus particuliers, qu'il apperçoit enſuite dans l'objet lui en découvrent l'Eſpèce, il la ſaiſit de même, & en fait l'attribut de ſon jugement; *cet Animal eſt un Lapin.*

Quoi qu'il en ſoit, l'on voit évidemment ici, de quel avantage ſont ces termes univerſels de Genre & d'Eſpèce; au moyen de ces termes, nous parvenons ſans peine à exprimer ce nombre infini d'Etres épars dans l'Univers, auxquels il nous auroit été impoſſible de donner des noms, & à débrouiller cette magnifique confuſion, que la Nature a miſe par-tout, nous y parvenons, dis-je, en rangeant chaque choſe dans l'ordre, & dans la claſſe où elle doit être.

Ces termes univerſels; en rangeant chaque choſe en ſa claſſe règlent à en même tems nos idées.

Ces claſſes ainſi réglées nous ſervent enſuite à régler nos idées ſur les
êtres

$. 355.
360.

Et nous guident dans l'application des attributs que nous donnons à chaque chose.

êtres particuliers, que nous nommons Individus; car pourquoi donnons-nous à un Etre particulier ou ces attributs que l'on nomme *absolus*, parce qu'ils conviennent toujours à l'Espèce, ou *hypothetiques*, parce qu'ils n'y conviennent qu'avec des conditions, si ce n'est parce que nous voyons, que ces attributs conviennent à l'Espèce, dans la classe de laquelle est cet individu? Ainsi parce qu'il est des *pigeons* que l'on *apprivoise*, vous direz que cet Oiseau que vous voyez voler, ou que ce *Pigeon* peut être *apprivoisé*; parce que vous savez que les *Arbres* perdent leurs feuilles à l'*Automne*, & que vous voyez que cette Saison approche, vous direz que cet *Arbre* que vous avez devant les yeux, sera bientôt dépouillé de ses feuilles: dans le premier de ces exemples l'attribut est *absolu*, dans le second il est *hypothetique*, & suppose la circonstance du tems, auquel les arbres cessent d'être parés de leurs feuilles: dans l'un & l'autre vous n'avez de raison suffisante de joindre ces attributs à leurs sujets, qu'autant que vous rapportez ces mêmes sujets, à tel genre, ou à telle espèce, auxquels vous vous résousouvenez que les objets conviennent.

Sur quoi il est bon de faire une ob-
servation qui conduit au Syllogisme,
savoir que le premier de ces Jugemens,
cet Oiseau peut être *apprivoisé*, en suppose deux autres, lesquels ont une notion commune, dont il est formé, car
c'est comme si nous faisions ce raisonnement : *cet oiseau est un Pigeon, un*
Pigeon peut-être apprivoisé, deux Propositions, où nous combinons diversement cette Notion commune, *Pi-*
geon, pour en former un troisième jugement, où cette Notion ne se trou-
ve pas : *cet oiseau peut être apprivoisé*; il
en est de même de l'attribut hypothetique.

Ce que nous venons de dire des jugemens, nous devons le dire des propositions; puisque comme les termes
répondent aux Notions, les propositions répondent aux jugemens, & ne
sont que le jugement même exprimé,
ou, comme nous avons dit, le jugement
dans la connoissance symbolique.

C'est de cette combinaison bien examinée, que resulte la preuve de cet
axiome si connu dans la Logique, savoir,
que de deux propositions connues, on en
for-

C ii

deux propofi-
tions connues
on en forme
une troi-
fième qui ne
l'étoit pas.

forme une troifiéme , qui ne l'étoit pas.
Car quoi que bien des gens habiles
ayent cru, dit M. W., que cette troifième propofition devoit être connue,
avant qu'on formât les autres ; pour
être convaincu qu'ils fe trompent, il
fuffit de faire attention à l'ordre & à
la marche que nous avons vû que fuit
l'efprit, dans l'efpèce de raifonnement,
que nous venons de développer ; & en
effet que faifons-nous , & que devons-
nous même faire d'abord , finon juger, que cet oifeau que nous voyons
voler eft un *pigeon*, fecondement que
§. 365. cette efpéce d'oifeaux , qu'on appelle
pigeons peut être *apprivoifée?* d'où nous
inferons, que cet oifeau que nous appercevons, peut être *apprivoifé* , & ce
n'eft auffi que pour cela, que nous nommons cette dernière propofition, *illa-*
tion, parce qu'elle eft inferée des autres, qu'elle doit fuppofer, fi l'on veut
qu'elle ait fa raifon fuffifante, comme
elle doit l'avoir en effet.

C H A-

CHAPITRE XIII.

De la troisième opération de l'Entendement, ou du Raisonnement.

RAISONNER n'est autre chose que former, ou pour me servir du terme propre, inferer un jugement de deux ou de plusieurs, qui l'ont précédé.

§. 366. Définition du Raisonnement.

Je dis *de deux ou de plusieurs* : parce que les Raisonnemens même, que l'on nomme *Enthymêmes*, qui paroissent ne contenir que deux propositions, l'une d'où l'on infére le jugement, & l'autre qui exprime ce jugement inferé, en supposent toujours une troisième qui est suppléée par l'esprit, comme dans cet exemple ; les passions sont accompagnées de trouble, donc elles rendent malheureux ceux qui en sont esclaves.

2. *De plusieurs* : parce qu'il n'est pas rare, sur-tout dans les Mathématiques, que l'on enchaîne de suite plusieurs propositions, desquelles on en

O   tire

tire une derniére, qui eſt la vraie con-
cluſion, ou le jugement en queſtion.

Il faut obſerver, qu'il ne s'agit pas
tant ici d'examiner, quelles ſont les règles du Raiſonnement, cette partie ap-
partenant à la Logique; que de découvrir les différens Raiſonnemens, que
fait l'Eſprit, & la route qu'il y ſuit;
car, comme nous venons déja de le vôir,
malheureuſement nous ſommes nés
faiſeurs de Raiſonnemens, & ce *Lapin*,
ou ce *Pigeon* qui nous ont donné tant
d'exercice, en ſont une belle preuve.

Que s'il nous arrive donc de rapporter quelques-unes des règles du Raiſonnement, nous ne rapporterons que
celles qui approchent ſi près de la nature, que l'Eſprit le ſuit de lui-même,
& ſans en être averti.

§. 369.
Raiſon
de ne le
conſide-
rer que
dans la
connoiſ-
ſance
ſymboli-
que.

Heureuſement M. W. nous é-
pargne les Raiſonnemens dans la connoiſſance intuitive, & l'on eſt tenté de
croire qu'il a raiſon; car ſi nos jugemens ſont plus clairs & plus diſtincts
dans la connoiſſance ſymbolique, que
dans l'intuitive, comme nous l'avons
déja vu, il en doit être ainſi à plus forte raiſon de nos Raiſonnemens, qui
ſont formés de jugemens; & ſi cela eſt
ainſi,

ainfi, comme nous ne faurions en douter, ne vaut-il pas mieux paffer tout-
à-fait fous filence ces Raifonnemens
intuitifs, que de nous en embarraffer
fans aucun avantage? puifqu'auffi bien,
comme nous l'avons tant repeté, il y
a lieu de douter, que l'on raifonne fans
parler.

Venons donc à nos Raifonnemens § 370.
fymboliques; fi on les examine avec Objet du
foin, on verra que tout s'y réduit à Raifon-
donner à un fujet, ou un nom, ou un nement.
attribut quel qu'il foit, qui lui convienne, & à nous convaincre nous-
mêmes, que ce nom ou cet attribut
lui conviennent en effet; car enfin
nos Raifonnemens ne font que des
jugemens, que nous lions les uns aux
autres, pour les comparer avec moins
de rifque de nous tromper, & déci- Tout fe
der plus fûrement de la connexion réduit à
des deux termes du jugement, qui donner à
tient la dernière place dans le Rai- un fujet,
fonnement, & le feul qui foit en quef- ou un
tion: or dans ce jugement, il ne fau- nom, ou
roit s'agir, ainfi que nous venons de un attri-
le dire, finon du nom, qu'il faut don- but qui
ner au fujet, ou de l'attribut, qu'il y lui con-
faut joindre. vienne.

O 2 En.

En effet tout ce que l'on peut diftinguer, ou concevoir dans un fujet, eft
néceffairement l'une de ces trois chofes, ou fon effence, ou fes proprietés,
ou un mode.

On ne
peut
conce-
voir dans
un fujet
que fon
effence.

L'effence détermine le Genre, ou
l'Efpece, auxquels il faut rapporter un
fujet; & par conféquent le nom qu'il
faut lui donner, parce que nous nous
fervons des noms du Genre & de l'Efpece, pour défigner tel ou tel Être.
Ainfi l'effence du triangle, qui confifte
dans le concours de trois lignes, dont
deux prifes enfemble foient plus grandes que la troifieme, déterminent les
différentes Efpèces qui s'y rapportent:
de même l'effence du triangle rectiligne devenu genre fubalterne par rapport aux autres triangles, l'équilaté-
ral, l'ifofcele, le fcalene, détermine ces
différentes Efpèces qui fe rapportent
au rectiligne, & le nom que nous devons donner aux figures, où nous voyons trois lignes concourir par leurs
extrémités à terminer un efpace.

Ses pro-
prietés.

La feconde chofe que l'on peut concevoir dans un fujet après fon effence,
font fes proprietés, que M. W. appelle attributs; mais pour mieux entendre

la

la différence qu'il y a dans son système entre ces deux choses, il est bon de placer ici quelques remarques de sa Logique.

L'essence est ce que l'on conçoit d'abord & avant tout dans le sujet; ainsi parce que les trois lignes qui concourent à former le triangle sont la premiére chose, que l'on conçoit dans le triangle, elles en sont proprement l'essence.

Les proprietés ou attributs ne sont pas moins nécessairement dans le sujet, que l'essence même; mais avec cette différence, que les proprietés supposent quelque chose, que l'on conçoit être auparavant dans le sujet, & d'où elles découlent; au-lieu que l'essence ne suppose rien qui la détermine; ainsi le nombre de trois angles, & leur valeur, qui est égale à deux droits sont des proprietés ou attributs du triangle; parce que l'un & l'autre resulte des lignes, que l'on conçoit auparavant dans le Triangle, & de leur inclinaison.

La troisième chose que nous avons dit pouvoir être distinguée dans le su-jet, est ce que nous nommons mode; Et ses modes.

O 3   le

le mode differe essentiellement de la
propriété, en ce qu'il n'est pas comme
celle-ci déterminée par l'essence, &
n'en decoule point : le mode peut par
conséquent convenir, ou ne pas convenir aux differents attributs de la même espèce.

De la naissent les attributs absolus ou hypothe-tiques. De la différence de ces trois choses
naissent ces différents attributs, dont
nous avons nommé les uns *absolus*, &
les autres *hypothetiques*.

L'attribut *absolu* est celui qui convient toujours au sujet, & peut par
conséquent lui être donné sans aucune
condition, aucune restriction.

Telles sont les choses qui forment
l'essence, & celles que nous venons de
nommer Proprietés : ainsi l'on dira
toujours d'un triangle qu'il est composé de trois lignes, qu'il a trois angles,
& que ces trois angles équivalent à
deux droits.

L'attribut *hypothetique* est celui qui
ne convient au sujet que dans certaines
circonstances, & qu'à certaines conditions; ainsi l'on ne sauroit dire d'une
pierre qu'elle soit brûlante, ou mouil-
lée, qu'autant qu'elle aura été mise dans
le

le feu ou dans l'eau, expofée à la pluye ou au Soleil.

Tout ce qui eft effence ou proprieté, peut donc être attribué abfolument au fujet, & tout ce qui eft mode ne fauroit l'être qu'hypothetiquement.

Il y a pourtant une derniére remarque à faire ici, c'eft que la poffibilité des Modes & des Relations convient auffi effentiellement à un fujet, que fon effence, ou fes proprietés mêmes; ainfi l'on dira auffi abfolument, qu'un triangle peut être verd ou jaune, ou qu'il peut être comparé à un rectangle, que l'on dira qu'il eft compofé de lignes &c.

Cela établi, il eft facile de voir, que le grand but de nos raifonnemens eft de connoître à quel genre, ou à quelle efpèce il faut rapporter chaque fujet, & quels font les attributs abfolus ou hypothetiques qui lui conviennent.

Or rien ne peut nous conduire plus fûrement à cette connoiffance, que des Notions exactes du Genre & de l'Efpèce. Ces Notions exactes que nous puiferons dans de bonnes définitions deviendront à notre égard, comme

Néceffité & avantages de la définition. §. 371.

me

me des Patrons & des Modèles, dont
nous approcherons chaque chose, pour
en faire la comparaison, & pour ainsi
dire, l'estimation : lors que nous verrons qu'un objet a toutes les déterminations d'un Genre, d'une Espèce,
nous jugerons qu'il s'y rapporte ; de la
même manière, lorsque nous lui verrons tous les caractères, qui entrent
dans une définition, nous jugerons que
cette définition lui convient.

Reprenons ce que nous venons de
dire.

Pour donner à quelque Etre que ce
soit, le nom qui lui convient, il faut
pouvoir le rappeller au Genre, ou à
l'Espèce, auxquels il appartient, pour
le rappeller à ce Genre, ou à cette
Espèce, il faut en connoître l'essence, l'on ne parvient à connoître l'essence que par des définitions : il faut
donc s'attacher sur-tout à trouver & à
former des définitions exactes ; la définition explique l'essence, l'essence
détermine le Genre ou l'Espèce, &
l'un & l'autre le nom, voilà la grada-
tion.

C'est sans doute à ce principe, où
nous voyons la Définition en tête de

tou-

toutes nos Connoissances, que nous devons en grande partie ces pepiniéres de définitions que M. W. a semées dans le vaste Empire de la Philosophie, & que nous y voyons naître chaque pas sous ces ordres; la Nature a beau se diversifier, pour se jouer de notre curiosité, M. W. l'enchaîne par mille définitions; & s'il est vrai, qu'il ne faille que définir pour connoître la nature, les propriétés, les noms de divers Etres, il faut avouer, qu'il ne tiendra pas à lui que nous ne connoissions, & que nous ne nommions chaque chose par son nom.

Si la définition détermine l'essence, l'essence à son tour détermine les propriétés, & nous mène par-là même à connoître ce qui doit être dit absolument d'un sujet, & à le distinguer de ce qui ne peut lui être attribué qu'hypothetiquement, ou sous certaines conditions.

Pour nous guider dans cette partie du Raisonnement, qui n'a rien d'extraordinaire & de difficile, que l'appareil de mots qui l'accompagne, M. W. établit ces trois Règles-ci.

Que la Définition, ou la Notion con-

§. 374.
Règles
du Rai-
fonne-
ment ab-
folu.

confufe, qui fait ici le même effet, ne
fauroit convenir à une chofe, que le
nom expliqué par la définition, ne lui
convienne auffi : ainfi la définition de
l'*Homme*, que l'on exprime communément par ces mots, *Animal raifonnable*,
ne fauroit convenir à *Jaques*, que le
mot d'*homme* ne lui convienne auffi.

De la même maniére la Notion confufe que j'ai d'un Oifean, ne fauroit
convenir à quelque chofe, que je vois
traverfer les airs en volant, que le nom
d'Oifeau ne lui convienne?

2. Que le Genre & l'Efpèce ne fauroient convenir à un fujet, que les attributs abfolus propres de ce Genre ou
de cette Efpèce ne lui conviennent
en même tems : ainfi une figure ne
fauroit être compofée de trois lignes,
qui concourent par leurs extrémités à
terminer un efpace, qu'elle n'ait en
même tems trois angles, qui équivalent à deux droits.

3. Qu'on peut attribuer à un fujet
les Modes qui conviennent au Genre &
à l'Efpèce, ainfi l'on dira de quelqu'un, qu'il eft mouillé, lorfqu'il aura
été à la pluye.

M. W. n'a pas manqué de démon-
trer

trer affez longuement la vérité de chacune de ces règles, j'ai cru qu'au moyen des exemples qui les rendent un
peu plus fenfibles, je pouvois bien en
omettre les démonftrations, perfuadé
de cette maxime, que M. Clairaut a
mife à la tête de fa Géométrie, que
tout Raifonnement qui tombe fur ce
que le Bon-fens feul décide, eft en pure
perte, & ne fauroit guères qu'obfcurcir la vérité.

C'eft par la même raifon, que j'ai
cru qu'il fuffifoit de dire que ces mêmes règles ont lieu à l'égard des mêmes propofitions renverfées, ou des
Raifonnemens négatifs : ainfi comme
nous avons dit que la Définition ne
fauroit convenir à une chofe que le
nom expliqué par la Définition ne lui
convienne, nous dirons, que lorfque
les notes qui entrent dans une Définition ne conviennent point à cette
chofe, le nom expliqué par la Définition ne fauroit auffi lui convenir : & il
fera facile d'en faire l'application aux
autres.

§. 375.

La règle des Raifonnemens, que
l'on nomme hypothétiques, n'a rien de
plus difficile, la voici

§. 385.
Du
Raifon-
nement
hypothé-
tique.

Lorf-

Lorſque deux choſes ſont communément liées enſemble, de ce que l'une eſt, ou n'eſt pas, l'on conclut bien avec fondement, que l'autre doit être ou n'être pas : ainſi parce que l'on ſait par l'Expérience & la Raiſon, dit M. W. que le tems eſt toujours beau, lorſque le vent eſt à l'Eſt, je ferai un bel & bon Raiſonnement hypothétique, lorſque je dirais, le vent eſt à l'Eſt, donc le tems eſt beau ; le tems eſt laid, donc le vent n'eſt pas à l'Eſt.

§. 389.
Du disjonc-tif.
Reſte enfin la règle des raiſonnemens, que l'on appelle disjonctifs, où l'on ſuppoſe, que de deux ou de pluſieurs choſes énoncées, l'une doit néceſſairement avoir lieu. Voici cette

§. 390.
règle : on ne ſauroit affirmer un membre d'une propoſition disjonctive, que l'on ne nie l'autre, ſi elle n'en a que deux, ou tous les autres, ſi elle en a pluſieurs : de même l'on ne ſauroit en nier un, que l'on n'affirme l'autre, ou quelqu'un des autres indéterminément, ſuivant qu'il y en a deux, ou pluſieurs : ainſi comme l'on ne ſauroit venir au monde, que le jour ou la nuit, il s'énſuit que ſi vous n'êtes pas né la nuit, il faut que vous le ſoyez le jour.

Outre

Outre tous les avantages, que l'on sait que peut procurer le raisonnement, il en est encore un, que l'on n'avoit point apperçu jusqu'à présent. C'est qu'il nous aide à découvrir de quelle maniére les notions naissent les unes des autres; & pour le mieux sentir, appliquons aux notions, ce que nous avons déja dit des propositions, & au lieu de considerer les propositions mêmes, ne nous arrêtons qu'aux notions qui y répondent, puisqu'il est évident que chaque proposition a une notion qui lui répond, nous verrons que comme de deux propositions combinées dans les prémisses avec une notion commune, il naît une troisième proposition, ou jugement, qui n'étoit pas connu; ainsi de deux notions contenues & comparées dans les mêmes prémisses, il en naît une troisième que nous ne connoissions pas encore.

Pour éclaircir ceci, si toutefois il peut l'être, prenons l'exemple que rapporte M. W. Je suppose, qu'en vous promenant dans le jardin des Thuilleries à la vûe de ces arbres qui font de toute part, tandis qu'ils font encore parés de leurs feuilles, un effet si charmant, vous

§. 391.
Le Raisonnement aide à découvrir comment les Notions naissent les unes des autres.

vous tombiez dans une de ces refléxions, dont les plus beaux lieux ne défendent pas, & qu'il vous échappe de dire, dans un moment de reverie ; tous ces ornemens disparoîtront cependant à l'automne. De cette réflexion si naturelle, si simple & si sage, M. W. ou un autre épris de ses idées fera un Syllogisme dans les formes, pour faire entendre son Systême & argumentera ainsi :

Ces ormes si élevés que vous voyez sont des arbres,
Les arbres se dépouillent de leurs feuilles à l'automne,
Donc ces ormes se dépouilleront de leurs feuilles à l'automne.

Il distinguera les trois Notions, qui répondent à ces trois propositions, Notions d'Ormes comme arbres, Notions d'arbres comme perdant leurs feuilles à l'Automne, & de ces deux notions diversement comparées ensemble, il en tirera une troisième qui représente ces ormes comme devant aussi perdre leurs feuilles à l'automne ; donc il est vrai de dire, ajoutera-t-il, qu'une notion naît de l'autre.

Le Raisonnement ne sert pas seulement

ment à faire éclore les notions, il sert
encore à expliquer la suite & la succession de nos perceptions.

Il faut prendre garde à cette remarque, M. W. nous avertit qu'elle est
neuve, que personne avant lui ne l'a-
voit faite, & que peut-être, il n'auroit
jamais eu le bonheur de la faire lui-
même, s'il ne s'étoit appliqué pendant
un tems infini à suivre le fil des démonstrations, & à les résoudre.

§. 392. & 393. Il sert à expliquer la suite de nos perceptions.

Pour mieux entendre ceci, prenons
une suite des Idées, qui nous sont les
plus ordinaires; vous avez résolu de
vous lever à neuf heures, lorsque vous
vous êtes levé, vous vous habillez,
vous lisez, vous écrivez, &c. voilà une
succession d'Idées, qui paroît simple:
l'on peut cependant vous dire comme
dans la Comédie, savez-vous ce que
vous faites, lorsque vous dites, voilà
neuf heures, *il faut me lever*, *il faut m'ha-*
biller? croiriez vous que vous faites
autant de Syllogismes? rien n'est pourtant plus vrai, & vous en conviendrez
vous-même, lorsque vous ferez attention, que si l'on ne supposoit point
ici de Syllogismes, ces propositions, *Il*
faut me lever, *il faut m'habiller*, seroient
sans

fans raifon, fuffifante, & de là quel affreux inconvenient ? pour que cette
propofition, *il faut me lever*, ait donc,
ainfi que toutes les chofes de cet Univers, fa raifon fuffifante, il faut de néceffité lui ajufter des prémiffes, & ces
prémiffes font celles-ci : *j'ai refolu de
me lever à neuf heures, voila neuf heures,
donc il faut me lever.*

Mais d'où viennent, direz-vous, ces
prémiffes ? cela n'eft pas difficile à re-
foudre ; vous en percevez une par les
Sens, c'eft le fon de la pendule ou
la voix de votre domeftique qui vous
frappe l'oreille ; l'autre eft du reffort
de l'Imagination, & conforme à fes
loix : en formant votre réfolution,
vous avez joint ces deux idées, celle
de neuf heures, & celle de vous lever
à neuf heures ; or nous avons vu que
lorfque deux idées ont été perçues enfemble, il fuffit que les Sens en repréfentent une, pour que l'Imagination
retrace l'autre ; il doit donc arriver,
que la pendule venant à fonner neuf
heures, l'Imagination vous rappelle
votre réfolution, & c'eft ainfi que
de ces deux chofes combinées, vous
en tirez cette troifième, *il faut me lever.*

Lorf-

Lorsque j'ai parlé de la pendule ou du Domestique, ce n'est pas, comme dit M. W., qui a réponse à tout, que l'on ne puisse encore supposer quelque chose à la place ; que le Soleil, par exemple, pénétreroit dans votre chambre, & traceroit à neuf heures une ligne sur une telle feuille de votre parquet ; auquel cas, cela reviendroit au même, puisque cette ligne tracée par le Soleil, vous avertiroit toujours de ces neuf heures, qui sont ici l'un des Pivots sur lesquels roule la raison suffisante.

Voilà bien un pas de fait, mais il ne nous mène pas encore où nous voulons, à appercevoir la succession & l'enchaînement de nos Idées : *il faut me lever*, voilà la première que nous avons supposée ; *il faut m'habiller*, c'est la seconde, & celle qui nous découvrira tout le mystère de cette succession : il faut toujours supposer qu'elle doit avoir de même que l'autre une raison suffisante ; & pour cela il faut faire un nouveau Syllogisme ; mais ce qu'il y a de commode, c'est que la conclusion, que vous avez tirée du premier, *il faut me lever*, devient u-

ne prémiffe du fecond , & fert à former cette fucceffion dont nous avons
parlé ; l'Imagination fait encore ici
fon rôle comme dans le premier exemple , & joignant à l'idée du lever
celle de l'habillement , qui y eft liée
chez elle , elle nous fournit cette feconde propofition , or *quand je me
leve , je paffe des habits* , d'où naît u-
ne troifième propofition , ou un troifième jugement , *donc je dois paffer des
habits.* Voilà donc deux Syllogismes
dans les formes.

Il eft neuf heures ,
J'ai réfolu de me lever à neuf heures ,
Donc il faut me lever ;
Lorsque je me leve , je commence par
    paffer des habits ,
Or eft-il que je me leve ,
Donc il faut que je paffe des habits.

Il importe de bien remarquer cette
Méchanique , elle eft la même dans
les autres idées ; il feroit inutile &
même ennuyeux de les développer , &
de les réfoudre avec les mêmes forma-
lités ; c'eft affez que vous foyez habil-
lés en Syllogismes , fans vous en faire
un

un cortège pour tout le reste du jour.
Il me vient seulement une réflexion;
c'est que les Peuples de la Côte de
Guinée & du Brésil s'épargnent beaucoup de raisonnemens, que nous faisons tous les jours en pure perte : ne
seroit-ce pas une des raisons, pour lesquelles M. Locke prétend, que l'on
trouve en Asie & en Amérique des
gens, qui raisonnent plus subtilement
que nous? Comme ils ne dépensent
point en Raisonnemens d'habillement
& de toilette, il devient assez vraisemblable, qu'ils apportent un esprit plus
frais aux affaires sérieuses, qui font
l'objet de leurs délibérations.

Parlons sérieusement : tout ce que
nous venons de dire d'après M. W.,
n'est qu'une fiction ingénieuse, qu'il a
imaginée, pour nous expliquer d'une
maniére plus claire & plus sensible
les différens états de notre Ame; il
ne prétend pas, que nous fassions en
effet des Syllogismes dans les formes,
il prétend seulement qu'en vertu de la
raison suffisante toutes ces idées, qui
se succèdent chez nous les unes aux
autres, répondent aux conclusions de
différens Syllogismes, dont l'Esprit
P 2   supplée

fupplée fans doute les prémiffes ; & que
ces jugemens que nous venons de citer pour exemples, *il faut me lever,*
m'habiller, font véritablement les con-
clufions d'autant de Syllogismes enchaînés les uns aux autres ; de maniére
que la conclufion du premier devienne une prémiffe du fuivant, comme
nous venons de le voir dans les deux
Syllogismes, que nous venons de rapporter, où la conclufion du premier,
il faut me lever, devient une prémiffe
du fecond : il en feroit de même des
autres, fi nous entaffions en Syllogismes, toutes les actions d'une ma-
tinée.

Il ne faut pas s'étonner au refte de
ce que notre Ame continue ainfi fes
perceptions, fuivant des règles, qu'elle ignore le plus fouvent, & auxquelles
elle ne fait aucune attention, lors même qu'elle eft parvenue à les connoître? Sommes-nous furpris de ce que
nous obfervons avec la même exactitude, & fans plus de connoiffance ou
de réflexion, toutes les règles de la
Statique & du mouvement, en uous le-
vant, en nous affeyant, en marchant,
en

en demeurant dans le même lieu, en dansant.

Que si nos penfées, lorfqu'elles fem- §. 395.
blent le plus s'éloigner de la géne du & fuiv.
Syllogifme, fuivent d'elles-mêmes cet
ordre de fucceffion; l'on n'aura pas de
peine à concevoir, qu'elles doivent à
plus forte raifon le garder, lorfqu'elles
font réduites à cette règle, & à cette
forme qu'on appelle fyllogiftique : nous
devons juger que cet ordre eft celui
de la Nature, puis qu'elle le choifit,
& le fuit de fon propre mouvement,
lorfqu'elle n'eft pas contrainte, par
l'art; & par conféquent que nos raifonnemens, lorfqu'ils fuivent cet ordre
naturel, doivent fe fucceder de façon,
que la conclufion de l'un devienne la
prémiffe de l'autre, foit qu'ils foient
appuyés fur ces preuves que l'on nomme démonftratives, ou qu'elles ne le
foient que fur celles que l'on appelle
de probabilité; car cette différence,
qui ne fe tient que du côté des motifs,
ou des principes, ne fait rien à l'ordre,
dans lequel nos penfées doivent fe fucceder.

Pour nous convaincre, que nos raifonnemens, enchaînés par la force

P 3 fylſyllogiſtique, doivent ſuivre & ſuivent en effet, lorſqu'ils ſont placés & arrangés, comme ils doivent l'être, l'ordre de marche que nous venons d'indiquer, il ſuffira d'en rapporter un exemple.

Tout ce qui eſt ſujet à changement & à revolutions n'eſt point Dieu,
Le Monde eſt ſujet à changement & à revolutions,
Donc le Monde n'eſt point Dieu.
Tout ce qui n'eſt point Dieu dépend de Dieu,
Le Monde n'eſt point Dieu.
Donc le Monde dépend de Dieu.

Deux ſortes de méthodes. Cette Méthode s'appelle ſynthetique, ou Synthèſe, & les Syllogiſmes dont les concluſions ſervent ainſi de prémiſſes aux ſuivans s'appellent proſyllogiſmes.

L'une ſynthétique. On peut voir dans l'Art de penſer, qu'il y a deux Méthodes, l'une ſynthetique, dont nous venons de parler, & que l'on nomme autrement, de compoſition ou de Doctrine; où les vérités ſont propoſées de manière, que l'une puiſſe être plus facilement entendue & démontrée par l'autre; telle eſt la Mé-

Méthode, qu'a suivi Euclide, il pose d'abord des définitions, des axiomes, qui n'exigent point de preuves, de là il passe aux propositions démonstratives qu'il place, & qu'il distribue de manière, que l'une peut être, & est en effet démontrée par l'autre.

La seconde Méthode se nomme a- L'autre nalytique ou d'invention, parce que analyti-l'on y propose les vérités dans l'ordre que. où elles ont été inventées, ou ont pu du moins l'être; elle diffère de l'autre, en ce qu'elle reprend, où la synthetique finit, & monte à rebours; ainsi au lieu que dans la Synthèse, on commence par les choses les plus génera-les, le genre, par exemple, d'où l'on vient à l'espèce, & de là à la chose dont il s'agit: dans l'analyse on commence par cette chose particuliére en question, d'où l'on monte à l'espèce, & ensuite au genre: ce n'est, comme il est facile de le voir, que le même escalier que l'on monte, ou que l'on descend, ou comme dit l'Auteur de l'Art de penser, la même Généalogie, que l'on commence à considérer par le grand-pere en descendant au petit-fils,

ou

ou par le petit - fils en remontant au
grand - pere ; voilà la difference : ainfi
au lieu que dans la Synthèfe la conclufion du premier Syllogifme devient
la prémiffe du fuivant, dans l'Analyfe
la prémiffe du premier Syllogifme devient la conclufion de l'autre : ajuf-
tons le même exemple à l'ordre ana-
lytique.

*Tout ce qui n'eft point Dieu, dépend
de Dieu,*
Le Monde n'eft point Dieu,
Donc le Monde dépend de Dieu,
Tout ce qui eft fujet à changement &
à revolutions n'eft pas Dieu,
Le Monde eft fujet à changement & à
révolutions.
Donc il n'eft pas Dieu.

Les Syllogifmes dont la prémiffe devient la conclufion d'un autre s'appellent Epifyllogifmes.

Il refulte de tout ce que nous venons
de dire que la Synthèfe ou Méthode
fynthetique eft la plus naturelle, puifque notre efprit la fuit de lui-même,
& fans le fecours des règles : auffi eft-
ce

ce celle que l'on préfere communément pour enseigner, comme le nom
de Doctrine, qu'on lui donne, le montre assez. Les Géomètres n'en con-
noissent guères d'autre, & lorsqu'ils
emploient l'Analyse, ce n'est que dans
les cas particuliers, où il s'agit de
montrer la vérité ou la fausseté d'un
Theorème, la possibilité ou l'impossi-
bilité d'un Problême proposé, dans
lesquels cas, il faut remonter nécessairement à ce qui s'ensuivroit, en supposant la chose, telle qu'on la propose; & le vrai, ou le faux, le possible
ou l'impossible, qui resulte de l'Analyse, devient la décision du Theorème,
ou du Problême en question.

Revenons à notre objet, nous avons
dit qu'au lieu de considerer dans un
Syllogisme le jugement, ou la proposition qui resulte des deux autres combinées ensemble, nous pouvions n'y
considerer que les notions qui répondent à chaque proposition : nous allons
encore changer la scène, & au lieu de
Notions, nous n'allons y considerer,
que les differents états, où se trouve
notre Ame dans un Syllogisme : car on

§. 404.
Diffé-
rents é-
tats de
l'Ame
qui nais-
sent les
uns des
autres.

peut

peut appeller états différents de l'Ame, ces différentes perceptions, qui se succedent chez elle, & par leur succession y font une espèce de changement : reprenons ce Syllogisme des Thuilleries, *ces beaux ormes sous lesquels vous vous promenez sont des arbres, les arbres se dépouillent de leurs feuilles à l'automne, donc ces beaux ormes se dépouilleront de leurs feuilles à l'Automne ;* ce Syllogisme suppose trois différents états dans l'esprit ; le premier, où vous considerez ces ormes, & qui est un état présent ; le second, où vous vous rappellez pour l'avoir vu dans le tems de l'Automne, que les Arbres se dépouillent de leurs feuilles dans cette saison, & qui représente un état passé ; puisque vous ne pourriez pas vous rappeller, que les arbres perdent leur parure dans l'Automne, si vous ne l'aviez déja remarqué, ce qui suppose nécessairement un état passé; & enfin un troisième différent des deux autres & pour la chose & pour le tems ; en effet, parce que vous n'auriez pas jugé, que ces ormes doivent perdre leurs feuilles à l'Au-
tom-

tomne, si vous n'aviez formé auparavant ces deux jugemens, & que ces ormes sont des Arbres, & que les Arbres perdent leurs feuilles à l'Automne, cet état de l'Esprit, où vous vous représentez vos ormes, comme devant éprouver la rigueur de l'Automne, peut être regardé comme un état à venir, qui naît de l'état présent combiné avec le passé.

De là vient ce mot bon ou mauvais de M. Leibnitz, & après lui de M. W. que le présent est rendu par le passé gros de l'avenir.

Quant à nous, nous ne grossirons point notre Extrait de différentes combinaisons que M. W. fait de tous ces tems, dans les Syllogismes, soit catégoriques, soit hypothétiques ; nous craindrions qu'elles ne nous échappassent par leur subtilité, & qu'elles ne nous produisissent peut-être pas tous les fruits qu'il a pu en attendre.

F I N.

FAUTES à CORRIGER

DANS LA PSYCHOLOGIE.

Pag. 44. lig. 11. lifez *nous.*
P. 69. l. 22. *que l'organe*, il faut effacer *que.*
P. 71. l. 20. lifez *impreſſion, qui.*
P. 83. l. 12. lifez *notre.*
P. 89. l. 23. lifez *évanouis,*
P. 99. dans la note marg. *des Sens* lifez *des Senſations.*
P. 111- lig. 1. lifez *endroits.*
P. 126 lig. 23. lifez *Sentimens.*
P. 128. l. *penult.* lifez *à retracer.*
P. 137. lig. 6. *continuelles* lifez *continues.*
P. 138. l. 1. lifez *principale.* l. 3. lifez *expliquées.* l. 21. lifez *l'Imagination agiſſant.*
P. 139. lig. 9. lifez *Sageſſe.* l. 18. lifez *naitre, ou celles qui.*
P. 144. l. 3. *à fin.* effacez &.
P. 165. l. 1. lifez *& la matiére.*
P. 173. l. 18. *vu* lifez *vue.*
P. 216. l. 1. *tout* lifez *tous.*

F I N.

www.ingramcontent.com/pod-product-compliance
Lightning Source LLC
Chambersburg PA
CBHW071628270326
41928CB00010B/1823